꼰대라떼

정정길 에세이

꼰대라떼

초판1쇄 발행 2025년 4월 25일

지은이 정정길
펴낸이 이길안
펴낸곳 세종출판사

주소 부산광역시 중구 흑교로 71번길 12 (보수동2가)
전화 051-463-5898, 253-2213~5
팩스 051-248-4880
전자우편 sjpl5898@daum.net
출판등록 제02-01-96

ISBN 979-11-5979-765-1 03810

정가 15,000원

이 책은 저작권법에 따라 보호받는 저작물이므로 무단전재와
무단복제를 금지하며, 이 책 내용의 전부 또는 일부 내용을 재사용하려면
사전에 저작권자와 세종출판사의 동의를 받아야 합니다.
* 잘못된 책은 교환해 드립니다.

꼰대라떼

정정길 에세이

세종출판사

| 프롤로그 |

  노랑 단풍, 빨강 단풍으로 물들었던 나뭇잎이 땅 위로 떨어지고, 이제 나무는 앙상한 줄기로 서 있다. 지난 봄, 여름 푸른 잎으로 싸여있던 그 모습과 지금 앙상한 줄기로 서 있는 저 모습 중 어느 것이 나무의 참모습인가.
  사람도 젊은 시절, 근육질이 느껴지는 당당한 체격에 보기에도 늠름한 모습이 멋이 있었건만 세월이 흘러 나이를 먹으니 병들어 이곳저곳 성한 데가 없고, 앙상한 나뭇가지처럼 야위어진 몸은 움직임도 힘겨워 보이니 인생 무상함이 절로 묻어난다.
  참으로 많은 변화 속에 살아왔다. 6·25 사변 직전에 태어나 GDP 100불 미만의 절대 빈곤의 시대에 보릿고개도 절실하게 겪으며 살았다. 크면서 3·15 부정선거, 4·19 학생의거와 5·16 군사혁명도 눈으로 보았고, 달러를 벌기 위해 젊은 장병들이 월남의 전쟁터로 가고, 독일에 광부와 간호사가 파견되는 것도 목격했다. 박정희라는 걸출한 지도자 덕분에 경제성장과 함께 한강의 기적을 경험하고, 88올림픽과 2002년 월드컵이라는 화려하고 유쾌한 시간을 누리며 자랑스러운 대한민국의 자긍심을 느끼기도 했다.

인생은 앞으로 나아간다고 생각했지만 이제 와서 생각하니 실제로는 뒷걸음으로 숨 가쁘게 달려온 것 같다. 당장 내일은 물론이거니와 잠시 뒤에 일어날 일은 알 수 없어도 길고 긴 세월 지나온 길은 훤히 보인다. 남은 시간도 계속 뒷걸음으로 가야 한다.

세상이 급변하고 있다. 나이 많은 세대는 젊은 세대를 이해하지 못하고, 젊은 세대는 나이 많은 세대가 답답하다. 젊은 세대는 밥을 먹어도 휴대폰으로 맛집을 찾고, 늙은이는 휴게소 음식점 키오스크(무인주문대)에서 음식 주문하기도 힘든다. 변화의 시대에 세대 간 사고思考의 차이가 많이 난다. 젊은 세대는 나이 많은 세대를 이해하고, 나이 든 세대는 시대의 변화에 적응하도록 노력해야 한다.

지금은 AI 시대이다. AI가 어떤 것인지 알게 된 것은 이세돌이라는 프로 기사棋士와 알파고의 대국 때인 것 같다. 그런 것이 변화의 속도가 무척 빨라 지금은 실제 생활에서 많이 느끼게 되고, 중국의 베이징 시내에서는 기사가 없는 무인 택시가 다니고 있는 것을 볼 수가 있다. 이제 챗-지피티가 많은 것에 편리함을 주고 있다. 이렇게 편리한 과학의 시대에 모든 사람이 다 같이 행복한가. 옛날에는 어두운 산길에서 사람을 만나면 반가웠다. 지금은 조용한 아파트 지하 주차장에 사람이 나타나면 두려움을 느낀다.

온고지신溫故知新이란 옛것을 익혀서 새것을 안다는 것이다. 옛날 사람의 경험이나 지식이라 해서 무시해서는 안 된다. 오랜 세월을 살아오는 동안 얻은 경험은 살아있는 지식이다.

'꼰대라떼'라고 말하며 비웃지 마라. 늙은이의 말이라고 무시하기보다는 오랜 삶의 체험에서 나오는 이야기를 들을 수 있는 겸손한 마음이 필요할 것이다.

지나온 세월을 되돌아보며 아쉬운 마음에 적은 글들이다. 젊은 사람들에게 들려주고 싶은 이야기, 중년을 넘어 노년의 길에 들어서 남겨 주고 싶은 이야기가 어찌 이것뿐이겠는가.

책도 인연이 닿아야 손에 들어오고, 근기根器에 맞아야 읽어진다. 이 책을 보게 되는 인연에 감사드린다.

2024. 11.

정 정 길

| 추천의 글 |

조 동 길

세화수산 대표 · 대형저인망수협 조합장

　가을의 끝에서, 계절의 변화를 느끼며 과거를 되짚어 보는 것은 인간의 본능적인 일입니다. 정정길 작가가 걸어온 길은 때로는 치열했고, 때로는 고요했으며, 무엇보다도 인생의 다양한 순간들이 겹겹이 쌓인 아름다운 여정이었음을 잘 압니다.

　작가는 이 수필집을 통해 청춘과 중년, 그리고 노년에 이르기까지 자신이 걸어온 길을 차분하게 돌아보고, 지나온 인생을 한 편의 시와 같은 시선으로 기록하였습니다.

　그의 글은 단순한 회고를 넘어 지금 이 순간을 어떻게 살아가야 할지를 고민하게 만듭니다. 젊은 날의 뜨거운 열정과 그 열정을 향해 나아갔던 시간, 그리고 이제는 나이 들어 인생을 회고하며, 배우고 깨달은 것들이 어우러진 그의 글에는 세상을 바라보는 시각과 철학이, 그리고 깊은 지혜가 고스란히 담겨 있습니다.

정정길 작가는 인생이란 단순한 시간이 아니라, 매 순간 살아 숨 쉬며 배움을 얻는 과정이라 말합니다. 인생을 하나의 긴 마라톤에 비유하며, 오르막과 내르막을 거쳐 끊임없이 나아가고자 했던 그의 열정과 꾸준함은 깊은 감동을 느끼게 합니다.

이 책은 젊은 독자에게는 앞날에 대한 진지한 시선을, 나이 든 독자에게는 회고와 반성의 기회를 제공하며, 삶의 여정을 온전히 이해하게 하는 귀중한 안내서가 될 것입니다.

2024. 11.

| 추천의 글 |

이 소 영

㈜삼지종합건설 회장 · 고연장학재단 이사장

　정정길 작가는 인생의 가을을 맞이하여 과거의 영광과 기쁨, 실수와 후회를 모두 고요히 수용하며, 그저 인생이 주는 작은 기쁨과 평안을 소중히 여깁니다. 작가는 그의 글을 통하여 젊은 세대에게는 겸손과 감사의 마음을 전하며, 독자 모두에게 인생의 여정을 새롭게 되돌아보게 합니다. 세상을 떠날 때 아무것도 남기지 않고 홀가분하게 떠나는 것이 그의 소망입니다. 이는 우리가 지금의 삶을 더욱 충실하게 살고, 감사함을 잊지 않는 삶을 살아야 함을 일깨웁니다.

　이 수필집은 단순한 회고록이 아닌, 지나온 시간과 다가올 시간에 대한 따스한 성찰의 기록입니다. '내 탓이로소이다'라고 돌이켜 보는 겸허한 성찰부터 덕을 베푸는 삶을 통해 인간의 품격을 높이는 길을 설파하는 그의 글은 현대를 사는 이들에게 많은 교훈을 줍니다.

더불어 유한한 삶 속에서 가지는 소박한 행복과 감사의 가치, 그리고 인생을 대하는 진지하고 겸손한 자세는 그의 글의 모든 페이지마다 담겨있어 읽는 순간 큰 울림으로 다가옵니다.

은행잎이 낙엽이 되어 바람에 떨어질 때, 그는 단풍잎이 곱게 물들 듯 인생도 그렇게 마무리되길 바라는 마음을 표현했습니다. 이 수필집은 단순한 기록을 넘어서는 깊은 철학적 의미와 인생에 대한 긍정적 수용을 담고 있어, 이 글을 읽는 독자 모두에게 인생의 여정을 새롭게 돌아보게 할 것입니다.

2024. 11.

프롤로그 • 5
추천의 글 | 조동길 • 8
추천의 글 | 이소영 • 10

제1부 照顧脚下

조고각하 : 자신의 다리 밑을 살펴라
즉, 남 탓을 하지 말고 자신을 돌아보라는 뜻

내 탓이로소이다	17
아끼는 것이 부자다	21
어른 말을 잘 들어라	26
기회는 나를 기다리고 있다	31
인사를 잘해야 한다	35
너무 부자로 살려고 하지 말라	40
소통이 묘약이다	45
정직하게 살아라	50
훈육은 용기를 불어넣는 것이다	54
희망의 끈을 놓지 마라	60
힘이 들어간다	64

생명을 함부로 하지마라	69
상속재산 문제로 싸우지 마라	73
화를 내지 말라	78

제2부 爲善最樂

위선최락 : 착한일 하는 것은 인생의 최고의 즐거움이다

꼰대라떼	85
책 읽기가 쉽지 않다	90
사랑이 제일이라	95
부모 팔아 친구 산다	100
둘만 낳아 잘 기르자	105
말이 씨가 된다	110
너 자신을 알라	114
세상사 원만하게 살아라	118
입은 닫고 지갑은 열어라	122
내 마음 나도 몰라	127
돈 벌기가 쉬운 일인가	131
사주팔자! 사람 만나기	136
떨어진 은행잎에 대한 소회	141

제3부 諸行無常

제행무상 : 우주만물은 변하지 않는 것이 없다

사랑 찾아 인생을 찾아	149
덕을 베푸는 사람	154
대통령은 하늘의 뜻	158
멋이 있는 사람	164
부전마켓 부르스	168
열심히 살다 가자	173
인민 식당이 어디냐?	178
자신을 멋있게 연출하라	184
친구는 오래된 친구가 좋다	189
전생前生은 있는 것인가	193
인연, 신의 섭리	198
가을에 인생을 생각하다	203

제1부

照顧脚下
조 고 각 하

자신의 다리 밑을 살펴라

즉, 남 탓을 하지 말고 자신을 돌아보라는 뜻

내 탓이로소이다

내 탓이요, 내 탓이로소이다.

1989년 천주교를 중심으로 '내 탓이요' 운동이 벌어졌던 때가 있다. 제일 먼저 고 김수환추기경님이 차 앞 유리에 '내 탓이요'라는 스티커를 붙인 것을 시작으로 택시 뒤편 유리에도 '내 탓이요'라는 스티커를 붙이고, 사회단체 및 천주교 단체에서는 캠페인도 벌였다. 살다 보면 생기는 불상사에 극단적 시비를 하기 전에 그런 일들이 발생한 원인이 나에게 있을 수도 있다는 것을 돌아보고 사회가 순화되도록 하기 위해서다.

특히, 운전을 하다 보면 본의 아니게 실수로 다른 차의 운전에 방해를 하는 경우도 있고, 부득이하게 끼어들기를 하는 경우도 있다. 그리고 다른 차량과 부딪쳐 사고가 나기도 한다. 그럴 때 제일 먼저 하는 것이 상대방에게 욕설이다. 어떤 사람은 평소에는 순한 말씨를 쓰다가 운전대를 잡으면 욕설이 튀어나온다고 말하는 사람도 있다. 운전할 때 사고나 교통위반은 일부러 한 것도 아니고, 또 상대가 내 차를 박았더라도 나에게도 과실이 있을 수 있으니 욕부터 할게 아니라 마음을 돌려 고운 말을 하도록 해야 할 것이다.

그런데 일상에서 자세히 보면 사람은 정작 자신의 잘못은 생각하지 않는다. 반면에 남의 잘못은 눈에 잘 띄인다. 내 눈의 대들보는 보지 못하면서 남의 눈에 들어있는 티끌은 잘 본다는 성경 구절이 딱 맞는 말이다. 남의 잘못은 신기하게도 잘 보이기도 하지만 또 어떤 사람은 남의 잘못을 찾으려고 애를 쓴다. 그러나 살펴보면 정작 자신에게 더 흠이 많고 잘못이 많은 것을 알아야 한다. "남의 흉이 한가지면 나의 흉은 열두 가지"라는 속담도 있지 않은가. 남의 허물을 보기 전에 자신을 먼저 돌아보자는 의미이다.

가정생활에서도 마찬가지이다. 내 마음에 들지 않는 일들을 가족의 탓으로 돌리면 안 된다. 남편은 아내의 탓, 아내는 남편의 탓, 며느리는 시어머니의 탓, 시어머니는 며느리의 탓, 온통 가족 간의 탓으로 돌리면 그 가정은 평화로울 수 없고 행복할 수도 없다. 잘못은 정작 자신에게 있는지 살펴 보아야 하고, 자신이 변하면 세상도 변한다는 사실을 알아야 한다.

　남의 탓으로 돌리는 사람을 보면 삶이 자신의 것이 아니라 다른 사람으로 인해 사는 것 같기도 하다. 남편 땜에 죽겠고 자식 땜에 죽겠고 시어머니 땜에 죽겠다고 하면 사는 것이 남 때문에 사는 것인가. 삶은 본인이 자신의 삶을 사는 것이다. 삶의 주체가 자신임을 똑바로 깨달으면 가족의 탓은 나올 수가 없다. 가족은 서로 위로하고 용기를 주어야 하는 가장 가까이에 있는 피와 살을 나눈 사람, 즉 혈육이다.

　사회생활도 마찬가지이다. 직장은 내 생계가 달려 있는 돈을 벌어야 하는 곳이다. 그래서 내가 그곳을 택한 것이다. 그런데도 삶이 힘든 것이 꼭 직장 때문인 것처럼 말하는 사람도 있다. 인생의 어려움이 직장 탓이요, 직장에 가면 보기 싫은 상사나 직원 탓이요, 불편한 출퇴근 탓이다. 그렇게 생각하면 그 사람이 행복해야 할 곳은 이 세상에는 없을 것이다.

　인생은 즐거운 일도 있지만 어려움이 항상 곁에 도사리고 있다. 그 어려움을 지혜와 노력으로 해결하면 거기에 즐거움이 있고 행복이 있다. 어려움의 해결은 다른 사람의 도움이 필요하지만 결국은 내가 해결할 숙제이기 때문에 세상의 어려움은 누구를 탓할게 아니라 내 탓이요 내 탓이로소이다.

　가장 기초적인 공공질서나 법률도 전혀 거리낌 없이 어기며 행동하는 사람이 있다. 담배꽁초를 아무데나 버리고 길바닥에 침을 뱉는다. 공공질서나 상식적인 일들은 지키지 않으면 곧바로 남에게 피해를 주는 것이다. 그런데 그런 상식에 개념 없이 행동하는 사람이 사회에 대한 불평과 불만은 많고 남의 탓은 잘한다. 선진 국민은 특별한 행동을 하는 것이 아니다. 가장 기본적인 질서와 법률을 잘 지키는 국민이 선진 국민이다. 국가가 바르게 서려면 국민이 바로 서야 한다. 내 탓이요 내 탓이로소이다.

　남의 잘못을 보기 전에 나를 돌아봐야 한다. 미워하기 전에 먼저 사랑의 씨앗을 하나 심어 미움보다는 사랑으로 대하여야 한다. 남을 미워하면 내 마음이 무겁고 기분이 좋지 않다. 제 탓입니다. 미안합니다라는 한마디에 상대방도 화낼 일이 없다. 바쁜 세상에 화를 내어 내 기분 나쁘고 남으로부터 나쁜 소리 들어 마음 상할 이유가 없지 않는가.

아끼는 것이 부자다

　코로나19가 한풀 꺾였다. '오미크론'이란 변이가 한창 유행하여 하루 발생 환자 숫자가 30만 명에 이르더니 요즘 들어 만 명 아래로 줄어들었다. 거리에는 마스크를 벗고 다니는 사람도 눈에 많이 띈다. 그런데 코로나가 끝나니 모임이 갑자기 많아져 유명식당은 사람이 넘쳐나고, 외국으로 여행을 가고파 하는 사람도 많은가 하면, 제주도는 연일 북새통을 이루는 모양새이다.
　사람들의 해방된 마음과는 다르게 세계는 불안한 뉴스가 판을 친다. 러시아와 우크라이나의 전쟁은 언제 끝날는지 알 수 없는 가운데 세계적인 유가油價 파동과 물가의 인플레이션으로 비상이다. 우리나라도 모든 물가가 오르지 않은 것이 없어 오늘 현재 물가 상승률이 6%에 이르고. 원자재 가격이나 건설 자재 가격은 50%가 올랐다고 한다. 물가를 잡기 위해 이자율을 올려 통화를 억제하니 주가가 곤두박질하여 경제 상황이 좋게 풀리기가 어렵게 되었다.

이런 때에는 개인적으로는 절약이 우선일 것 같다. 절약은 내일에 대비해 오늘의 씀씀이를 아껴 꼭 필요한 곳에 사용하는 행위를 가리키는 말이라는 것은 쉽게 안다. 절약을 통하여 돈을 아끼는 것은 물론이요, 물가가 오르는 것도 예방하는 효과도 있다. 절약은 비단 경제적 역할 뿐 아니라 개인이나 가정에 정신적인 지침으로 삼을 만한 말이기도 하다. 가난은 절약 없이는 벗어나지 못하며 돈이 많은 부자라 할지라도 절약 없이는 많은 재산을 유지하기 어렵다.

요즘 젊은이들은 아파트 가격이 너무 많이 올라 집을 사기가 어려워지자 주택을 구입하는 것을 포기하고 좋은 차를 사서 타며, 시간 나는 대로 여행이나 다닌다는 말이 있다. 차는 일상에 필요하니 가져야 한다. 그런데 자신의 신분에 벗어나게 비싼 외제차를 사서 타고 다니면 폼이 날까? 여행은 삶의 여유를 찾아 좋은 곳을 다녀오면 활력소가 될 수도 있다. 그러나 무리하게 너무 자주 외국을 드나들어 돈을 많이 쓰고 다니는 것은 정신적으로 얻는 것 하나 없이 낭비일 수밖에 없는 것이다.

「다산 정약용」은 절약정신을 널리 강조하였던 것 같다. 강진에 유배 중 저술한 '목민심서'에도 율기 제5조에 절약의 개념을 규정하여 물자를 함부로 사용치 못하게 하였다. 귀양살이로 18년간이나 헤어져 사는 남편이 그리운 아내가 자신을 잊지 말라는 뜻으로 보내온 시집올 때 입은 다섯 폭 붉은 치마를 가위로 싹둑 잘라 「하피첩」을 만들어 두 아들에게 보내는 글을 적었다.

"내 너희에게 물려 줄 논밭 때기 많이 없지만 이보다 더 나은 두 글자를 물려 줄 것이니라. 이를 정신의 부적으로 마음에 지니어 가난에서 벗어나 잘 살 수 있도록 하여라. 한 글자는 근면할 근勤이요, 또 한 글자는 검박할 검儉이니 좋은 밭이나 기름진 땅보다 나을 것이다. 아무리 써도 줄어들지 않으니 일생 동안 다 쓰지 못할 것이다."

요즘 세상에 부모가 이런 글을 적어 보내면 글을 받은 자식이 어떻게 생각할까?

내 친구 김문주는 70대 중반이 넘은 나이에 고향인 남해南海로 내려가 소일 겸 농사를 짓는 사람이다. 노부부가 평생을 착하게 살아 온 것만은 누구보다 모범이다. 그런데 근래 불우이웃돕기 성금을 부산시 서구청에 100만원, 고향인 남해군청에 300만원을 기부했다고 한다. 그 돈 400만원은 버려진 종이박스를 주워 모았다고 한다. 아침이면 일찍 일어나 동네를 한 바퀴 돌면서 버려진 종이박스를 줍는 것이다. 하루에 주운 종이박스 그 돈이 얼마겠는가. 그것을 모으고 또 모았다.

연세가 많은 부부가 쓸 곳인들 없겠는가. 돈이 있으면 옷이라도 한 벌 사서 입든지, 부부가 맛있는 음식을 하는 식당에 가서 외식이라도 할 것이다. 그러나 돈을 모으는 방법은 절약 밖에는 다른 방법이 없다. 일체 허투르게 쓰지 않고 몇 푼 되지 않는 돈이지만 아끼고 절약하여 모으고 또 모아 나보다 불우한 이웃을 위해 기부를 한 것이다. 감동직일 수밖에 없다. 그 돈 400만 원은 어떤 사람 수천만 원의 돈보다 더 귀한 돈이 아닌가 싶다.

피갈회옥被褐懷玉이란 겉은 허름한 베옷을 입고 있지만 가슴

속에는 영롱한 옥을 품고 있다는 뜻이다. 비록 겉보기는 남루한 옷을 입었을지언정 내면에 높은 이상과 따뜻한 마음을 갖추고 있는 사람이다. 친구가 박스를 주우러 다니면 생활이 어려워 종이나 줍는 늙은이로 생각하고 깔보고 무시하는 말을 하는 사람도 있다고 한다. 그런 모멸감 따위는 아무 상관하지 않고 박스를 주워 모아 400만 원의 돈을 기부했다는 것은 피갈회옥이라는 의미에 딱 맞는 사람이라는 생각이 든다. 잘난 척하지 않고 교만하지 않은 체 자신을 낮추고 남을 높이 섬기는 사람이야말로 진정 높임을 받을 사람이다.

  김문주 그 친구, 요즘 같은 어려운 시대에 나보다 더 어려운 사람을 돌아보는 천사 같은 사람이요, 아끼며 살아가는 진정한 부자다. (2022. 6. 20.)

어른 말을 잘 들어라

'어른 말을 들으면 자다가 떡을 얻어 먹는다'는 속담이 있다. 젊은 사람들이 얼마나 긍정할까?. 세상이 많이 바뀌어 AI 시대에 젊은 사람과 나이 많은 사람의 사고는 많이 다르다. 컴퓨터도 잘 모르고 AI가 뭔지도 모르는 노인의 말을 들을게 뭐가 있나라고 생각할 수도 있다. 그러나 어른에게는 꼭 어느 분야의 전문 지식과 관련된 것이 아닌 삶과 관련된 이야기가 많이 있다. '어른 한 분이 돌아가시면 도서관 하나가 없어지는 것과 같다'는 속담도 있지 않은가. 어른 말을 잘 들으면 삶에 도움이 되는 것은 사실이다.

어른의 말을 선천적으로 잘 듣는 어린이가 있다. 엄마가 심부름을 열 번을 시켜도 군말 없이 한다. 반대로 엄마나 다른 어른의 말을 지독하게 듣지 않은 어린 아이도 있다. 그런 것을 보면 인성人性은 교육에 의해 좋을 수도 있으나 날 때부터 타고나는 것이 아닌가 하는 생각이 든다. 그런데 어릴 때부터 엄마의 심부름을 군소리 없이 해주고 아빠나 다른 어른의 말을 잘 듣는 어린이는 먼 훗날 성장한 뒤에도 인성이 바르고 언행이 정직하여 훌륭하게 된다. 비록 크게 훌륭하게 못 되는 경우라도 편안하고 아쉬움이 없는 인생을 살아가는 것을 볼 수 있다.

어른 말을 잘 듣는 것은 우선 성품이 겸손하기 때문이다. 겸손한 인성을 가졌기 때문에 부모의 말은 물론, 어른의 말을 잘 듣는다. 그런데 겸손은 인생을 살아가는데도 최고의 무기이다. 세상은 스스로 낮추는 사람을 좋아하기 때문이다. 삶이란 사람과의 관계인데 인간관계에서 가장 중요한 것은 신뢰이다. 그리고 타인으로부터 믿음을 얻을 수 있는 첫째 요건은 겸손이다. 겸손한 마음 없이는 남에게 신뢰를 줄 수도 없을 뿐 아니라 남의 신뢰를 얻기가 어렵다. 거만하고 교만한 사람을 누가 신뢰하겠는가. 겸손한 사람은 인간관계가 원만하여 사업도 성공할 수 있고 사회적으로도 출세할 수 있는 사람이다.

『춘추전국시대 말기, 한 젊은이가 전국을 떠돌면서 선현들의 문을 두드리며 군사학과 병법, 정치학을 배웠다. 그러던 어느 날, 다리를 지나가는데 누더기를 걸친 한 노인이 곁으로 다가와 일부러 신발을 다리 아래로 떨어뜨리며 말했다.

"이보게 젊은이, 내려가 신발 좀 주워 오게."

젊은이는 울컥 화가 치밀었지만 상대가 노인이기 때문에 지그시 참고 다리 아래로 내려가 신발을 주워 왔다, 그러자 노인은 한술 더 떠 그 신발을 신겨 달라고 했다. 이왕 내친 김이라 생각한 젊은이는 아무 말 없이 허리를 굽혀 공손히 신발을 신겨 주었다.

그러자 노인은 말했다.

"자네는 꽤 쓸 만하군. 닷새 뒤 날이 샐 무렵에 이곳으로 오게."

노인은 이 말을 남기고 홀연히 그 자리를 떠났다.

닷새 뒤 새벽에 젊은이가 다리로 나가보니 노인은 벌써 와 있었다.

"늙은이와 약속한 녀석이 왜 이리 늦었느냐. 닷새 뒤 다시 오너라."

노인은 이렇게 호통을 치며 가 버렸다. 닷새 뒤, 이번에는 닭이 우는 소리를 듣고 바로 나갔지만 노인은 벌써 와서

기다리고 있었다.

"또 늦었군. 닷새 뒤에 다시 오너라."

다시 닷새 뒤 젊은이는 아직 날이 새기도 전에 어둠을 더듬으며 다리로 나갔다. 그러자 잠시 뒤 노인이 나타나 책 한 권을 건네주었다.

"이것을 읽거라. 이 책을 숙독하면 너는 왕의 군사君師가 될 수 있느니라. 10년 뒤에는 훌륭한 군사가 되어 세상에 이름을 떨치게 될 것이다."

이 말을 남기고 노인(황석공)은 어디론가 사라졌다. 젊은이가 그 책을 보니 태공망姜太公이 쓴 <태공병법>이라는 병서였다. 젊은이는 그 책을 다 외울 때까지 되풀이해 읽었다. 이때의 젊은이가 훗날 한漢나라를 세운 유방의 군사君師가 되어 그를 성공시킨 장량張良 그 사람이다.』

장량은 '삼국지'에 나오는 '제갈공명'과 더불어 뛰어난 지략가이다. 이렇게 훌륭한 지혜를 얻게 된 것도 어른 말을 들을 수 있는 겸손한 마음이 있었기 때문이다. 장량이 겸손하지 않았다면 초라한 노인을 거들떠보기나 했을까. 겸손하지 못했다면 일부러 다리 밑으로 던진 신발을 주워 와 신겨 주는 이 엉뚱한 일을 했을 리가 없다. 겸손하였기에 어른 말을 잘 들었고, 덕분에 귀한 책 <태공병법>을 받아 큰 지혜를 얻는 사람이 될 수 있었던 것이다.

많은 책을 읽다 보면 모든 책을 다 기억하거나 감동을 받을 수는 없다. 고전「초한지」도 젊었을 적 읽을 때와 늙어서 읽는 느낌이 많이 다르다. 소설에 등장하는 수많은 인물 중 장량의 지략은 세월이 흘러도 감동적이고, 이러한 장량의 지혜는 어른의 말을 들을 수 있는 사람이었기 때문이라는 것을 새삼 느끼게 한다.

기회는 나를 기다리고 있다

 인생은 마라톤경주이다. 42.195km의 거리를 달리는 마라톤이 아니라 80년, 아니면 100년이라는 세월 동안 알 수 없는 거리를 달려야 하는 人生 마라톤이다. 오랜 세월 달리다 보면 평탄한 길만 있는 것이 아니다. 오르막 고개도 있고 내리막길도 있는 게 인생이다. 폭풍우가 몰아칠 때도 있고 천둥 번개가 내려칠 때도 있다.
 중학교 시절, 당시 그 지역에서 존경을 받고 있던 최 모 국회의원께서 학교에 오시면 학생들을 모아 놓고 하신 말씀이 "Boys, be ambitious!"였다. 소년들이여, 야망을 가져라! 그러나 끼니를 해결하기 어려운 시절에 소년들에게 야망을 갖게 할 수 있는 조건이 하나도 없는 것 같았다. 고등학교는 갈 수 있을런지, 고등학교를 다니면 취직은 할 수 있을지도 알기가 어려웠다. 가방끈을 놓고 이제 학생이 아니라 사회인이라고 할 때는 앞날이 막막하기만 했다.

그러나 인생 70을 넘어까지 살면서 보면 삶의 굽이마다 기회가 있었던 것 같다. 지금 이 나이에 아침이면 멋진 양복을 입고 빛나는 구두를 신고 사무실로 출근하고 있다. 날이 새면 변함없이 사무실로 출근하는 직업을 얻게 된 것이 나의 능력이었나 하고 생각해 보면 내 능력보다는 기회가 나를 기다리고 있었기 때문이라는 생각이 든다.

사람들은 각자가 해야 할 직분을 가지고 태어난다. 흔히 사람들은 그것을 운명이라고들 말한다. 그 운명을 쫓아가는 것이 희망이요 야망이다. 젊은이에게 필요한 것은 희망과 야망이다. 가슴에 희망을 품고 노력하다 보면 분명 기회는 나를 기다리고 있다. 그 기회는 한 번만 있는 것이 아니다. 인생에 행운이 세 번은 온다는 말이 있듯이 70이 넘게 살아오면서 되돌아 생각해 보면 때때로 기회가 나를 기다리고 있었다는 것을 많이 느낀다. 물론 준비가 되어 있고 노력을 해야 한다. 준비가 되어 있어야 내게 다가온 기회를 놓치지 않고 잡을 수 있는 것이다. 어렵다고, 힘들다고 포기해서는 기회를 잡을 수 없다.

2020년 미스터트롯 오디션에서 대상을 받은 임영웅은 4년 만에 천억을 벌었다는 소문이 있다. 그 가수는 오디션 하기 1년 전만 해도 해운대 백사장에서 버스킹을 하던 무명 가수였다. 그러나 모 방송국의 '미스터트롯'이라는 노래 경연대회의 기회를 만나 대상을 차지함으로써 인기도 얻고 일약 최고의 가수 반열에 올라 돈도 많이 벌게 되었다. 그러나 그 가수에게 그러한 기회가 왔더라도 실력이 준비되어 있지 않았다면 아무런 소용이 없는 것이다.

골프를 하다 보면 인생사와 닮은 데가 많이 있다. 잘되는 날이 있는가 하면 왠지(?) 오늘은 안되는 날이 있다. 또 좋은 곳에서 샷을 하는데도 실수를 저지르나 하면, 나쁜 위치에 공이 떨어져 있어도 포기하지 않고 최선을 다해 샷을 하면 뜻밖의 행운이 올 때도 있다.

골프를 할 때 불리한 위치에 있었지만 좋은 성적이 나오듯, 인생길에도 어렵고 불가능하다고 생각한 일에 뜻밖의 좋은 결과가 오는 수도 있다. 힘들어도 포기하지 않고 최선을 다할 때이다. 인생사 역경을 맞아 힘이 들어도 그 순간이 마치 침을 맞고 보약을 먹는 것처럼 몸속에 힘이 생기는 시간이다. 포기하지 않고 어려움을 이기려고 노력하는 가운데 끝에는 성공이 있고 기쁨이 있다는 사실을 알아야 할 것이다.

비록 지금이 힘들고 어려운 상황일지라도 야망을 가지고 나는 할 수 있다는 믿음으로 노력하면 기회가 어디에서 나를 기다리고 있을지 알 수 없는 일이다. 젊은이여, 야망을 가져라! 기회는 언제든 나를 기다리고 있다.

인사를 잘해야 한다

 인사, 상대에게 보내는 기본적 예의이다. 한자로 사람 인人, 일 사事 '사람이 해야 할 일'이라는 뜻을 지녔다. 사람인 이상 인사는 지켜야 할 기본 중의 기본이라는 말이다. 사람으로서 지켜야 할 기본적 예의를 잘 지키지 못하는 사람이 다른 일인들 잘할 것인가. 막상 다른 일을 잘한다손 쳐도 가장 기본적 예절인 인사를 하지 않는 사람은 그의 됨됨이에 문제가 있다는 말을 들을 것이다.
 아파트에 살면서 엘리베이터를 타보면 유별나게 인사를 잘하는 학생이 있다. 반대로 자기 아버지와 인사를 하고 얘기를 나누고 있는데도 멀뚱하게 천장만 쳐다보면서 인사를 하지 않고, 또 그다음 만나도 영 모르는 사람으로 먼 산만 바라보고 있는 학생도 있다. 그런데, 인사를 잘하는 학생은 고등학교를 졸업하면 보이지 않는다. 대개가 서울 쪽 대학으로 진학을 했다. 인사를 잘하는 학생이 역시 공부도 잘하는 모양이다.

아침에 출근하여 동료 직원에게 큰 소리로 인사를 하는 사람은 인사를 하지 않는 사람에 비하여 훨씬 품격이 있어 보인다. 출근하는 많은 직원들과 인사를 하다 보면 대체로 얼굴이 예쁘게 생긴 여직원이 인사를 잘한다, 다시 말해 인사를 잘하는 순서가 얼굴 예쁜 순서다. 사실 그럴까 마는 얼굴은 마음의 거울이라, 평소 남에게 밝은 마음으로 인사를 잘하고, 또 인사를 잘하는 그 성품이 친절한 마음으로 사람들을 대하다 보니 얼굴이 밝아져 아침에 인사 할 때 예쁜 모습으로 보였던 것이 아닌가 싶다.

내가 실제 겪은 일이다. 어느 날 아침 일찍 운동을 하려 헬스장으로 갔다. 먼저 와서 아령을 들고 운동을 히던 젊은이가 나에게 "안녕하세요?"하고 인사를 하였다. 헬스장에서 운동하는 젊은이들이 무거운 기구를 끙끙거리며 들고 운동은 열심히 해도 인사는 안 하는 편인데, 아침에 모르는 사람에게 인사를 하기에 기특한 마음이 들었다. 그래서 속으로 "이놈 봐라, 인사를 다 하네?"하는 생각을 하면서 "자네 뭐하나?"하고 물으니 "시험 준비합니다"라고 대답했다. 여기까지 하고 말려다가 나도 시험 준비를 하면서 고생을 해 본 사람이라, 그 사람이 안타까운 마음이 들어 "무슨 시험?"하고 물으니 경찰관 시험이라 했다. 한 걸음 더 나아가

"공부는 어떻게 하나?"

"예, 열심히 합니다."

"자네 열심히 하면 떨어진다."

이 말을 들은 그 청년은 깜짝 놀라는 표정으로 나를 쳐다봤다. 여기서 끝나면 오해도 있을 것 같은 생각이 들어, 그 청년을 휴게실로 데려가 열심히 하면 떨어진다고 말한 것에 대하여 설명을 했다.

사람의 노력이 1부터 100까지 있다고 가정하면, 100을 하면 과로로 죽을 수 있다. 그런데 보통 사람들이 80정도 노력하면 열심히 한다고 말한다. 노력 81부터 99까지는 '열심히'가 아니라 '죽도록'이라고 말해야 한다. 죽도록 노력할 때 81이 합격을 하겠느냐 99가 합격을 하겠느냐고 물었더니, 그 청년은 "99가 합격을 합니다." 라고 대답을 하였다. "자네, 내가 열심

히 하면 떨어진다고 말한 뜻을 알겠나?" "예. 잘 알겠습니다." 그 뒷날부터 헬스장에 그 청년의 모습은 보이지 않았다.

약간의 시일이 지난 어느 날, 헬스장에 들어서니 웬 청년이 내게 뛰어와 인사를 했다. 얼마 전에 내게 인사한 그 청년이다. "어르신, 저 1차 시험에 합격했습니다. 어르신처럼 그렇게 말해주는 사람은 어르신 밖에 없었습니다. 2차는 0월 0일에 합니다." 그 소리를 듣고 감개가 무량했다. 어느 날 인사를 잘하는 청년에게 지나가는 말을 하듯 했는데, 그 청년이 그 말을 그렇게 깊이 새기고 있다가 합격을 했다고 내 손을 잡고 감사를 표하다니 내가 감동을 했다. "자네, 2차 시험은 걱정 말게. 결과는 보나 마나 합격하였네." 인사도 잘하고 충고를 가슴 깊이 받아들일 줄 아는 그 청년이 훌륭한 청년이라는 생각이 들었다. 남의 충고를 들을 수 있는 것도 인사를 잘하는 좋은 심성 때문이리라.

그런 후 또 얼마 뒤에 목욕탕에서 그 청년을 만났다. "어르신, 제가 연지 파출소에 발령을 받았습니다." 내 얼굴을 잊지 않고, 자신의 합격 사실을 알려주는 그 청년의 얼굴엔 그날 내가 해준 조언에 진심으로 감사하는 표정이 완연했다. 인사성이 밝은 그 청년은 공직 생활에도 충실하리라 생각된다.

인사! 사람이 해야 할 기본적 예절이요, 만복의 근원임이 분명하다.

너무 부자로 살려고 하지 말라

　현대의 결혼 관습은 중매보다는 본인이 직접 배우자를 선택하는 경우가 많다. 그런데 간혹 소개를 받는 경우, 세상이 각박하다 보니 그런지는 모르겠으나 결혼대상자의 첫 번째 요건이 돈인 것 같다. 여성은 남성이 돈이 얼마나 많은가. 부모의 재산은 얼마나 되는가 하는데 관심을 많이 둔다. 남성도 여성이 직장에서 돈을 버는 것을 원한다. 여성의 연봉이 얼마나 되는지를 따진다. 배우자가 될 사람의 인성이 어떠한가. 품행은 방정하고 자신이 맡은 책무는 성실하게 하고 있는가는 둘째 문제이다. 두 사람이 만나 열심히 일하고 알뜰살뜰 저축하여 재산을 모은다는 것은 옛날 사고방식이라고 생각하는 세상이다.

　돈이 많고 돈을 많이 벌면 좋다. 하지만 돈을 많이 벌어도 사람의 근본 성품이 바르지 못하면 가정생활이 안정되지 못한다. 두 사람의 의사소통이 잘 이루어지지 않아 충돌이 잦아지면 그것처럼 괴로운 일이 없다. 또 부모의 재산이 많아도 그 돈은 내가 마음대로 쓸 수 있는 돈이 아니다. 재산이 많은 시부모가 교만한 성격에 상식이 벗어나고 사리가 없는 사람이면 그런 사람 속에서 행복을 기대하기 어렵다.

　돈은 쓰는 것이다. 열심히 일해 돈을 버는 것도 쓰기 위해서이고 재산을 모아 두는 것도 훗날 나이가 많아 소득이 없을 때 사용할 것을 대비한 것이다. 그런데 돈을 쓰는 것이라고 해서 함부로 써서는 안 된다. 소득에 맞춰 소비해야 하고, 또 가정의 경제 사정에 따라 알맞게 써야 한다. 돈이 많다고 마구 쓰다 보면 꼭 불행이 따라온다. 돈을 분수에 맞지 않게 함부로 쓰면 나쁜 일이 따른다. 돈이 복수를 하기 때문이다.

　사람들은 돈을 많이 갖고 싶어 한다. 돈을 얼마나 가지고 있으면 될 것인가. 물어보면 대답을 잘 못한다. 무조건 많이 가지고 싶어서이다. 그런데 돈이란 것이 그렇게 욕심대로 가질 수가 있는 것이 아니다. 월급을 받는 사람이 재벌회사의 회장님

만큼 많은 돈을 가지려고 하면 가능할까. 꿈을 꾸어 보는 것이야 쉽지만 그런 많은 돈을 갖기는 어려울 것이다. 그런데 헛된 생각으로 욕심을 부리는 것이 탈이다. 웬만큼의 돈을 가지고 있으면서도 더 많은 돈을 갖고 싶어 하고, 돈 많은 사람을 보면 자신도 그렇게 갖고 싶은 마음에 항상 마음속은 불만으로 차 있다. 그래서 마음 편한 날이 없다.

사람은 태어날 때부터 자신의 그릇이 있다. 살다 보면 자신의 그릇이 채워지게 마련이다. 가만히 있는데 그릇이 채워지기야 하겠냐마는 각자가 맡은 직업에 충실히 일하다 보면 자신도 모르게 자신의 그릇에 재물이 가득 담기게 된다. 내가 가질 수 있는 만큼 가질 것을 괜한 욕심을 낼 필요가 없다. 내 돈이 아닌 것을 욕심내어봤자 내 것이 되지 않는다. 또 내 돈이 아닌 것을 나쁜 수단을 이용하여 억지로 갖게 되면 들어올 적에는 소리가 없으나 나갈 때는 소리를 내는 것이 돈이다. 즉 나쁜 일이 생긴다는 것이다.

사람은 일생 세 번의 좋은 운이 온다고 한다. 세 번의 운은 놓치지 않고 잘 잡아야 한다. 그러기 위해서는 결혼 전에는 매사를 부모님과 숙의熟議를 하며 바른 행동을 하고, 결혼 후에는 부부간에 대화가 잘 이루어져야 한다. 결혼 전에 막무가내

혼자서 계획 없이 살고, 결혼 후에 부부간 의사소통이 잘 이루어지지 않으면 운을 잡는 지혜가 없어서 운이 온 줄 알지 못해 좋은 기회를 놓친다. 그리고 한 직장에서 충실하게 종사하는 것이 좋다. 이곳저곳 직장을 옮겨 다니면 운이 오지 않는다. 운이 오는 세 번의 기회를 잘 포착하는가, 운이 온 줄도 모르고 그냥 지나쳐 가느냐의 차이로 인생이 달라진다.

너무 부자가 되려고 하지 말고 먼저 복 많은 사람이 되어야 한다. 복이 무엇인가. 행복이 복이다. 행복하면 복이 많은 것이다. 어떻게 하면 행복한가. 감사하는 마음을 가져야 한다.『아리스토텔레스』는 '행복은 감사하는 사람의 것'이라 했고, 인도의『타고르』는 '감사의 분량이 행복의 분량'이라 했으며, 독일의『빌헬름 웰러』는 '가장 행복한 사람은 가장 많이 소유한 사람이 아니라 가장 많이 감사하는 사람'이라고 했다. 내가 하는 일에 감사하고 내가 가진 것에 감사해야 한다. 내 부모에게 감사하고 내 남편, 내 아내에게 감사해야 한다. 감사할 일이야 오죽 많은가.

돈은 행복의 첫 번째 조건이 아니다. 좋은 사람을 만나 가정을 이루어 서로 사랑하며 현실에 충실하다 보면 재물도 가질 수 있는 만큼 가지는 것이요, 자녀들도 온전하게 성장하게 된다. 이렇게 좋은 가족과 가정에 행복은 천사처럼 찾아와 감사한 생활로 나날이 행복할 수 있다. 너무 부자로 살려고 하지 마라.

소통이 묘약이다

통즉불통通則不痛이요, 불통즉통不通則痛이라! 허준의 「동의보감」에 나오는 말이다. 우리 몸속의 혈관을 비롯한 모든 기관이 잘 통하면 통증, 즉 아픈 곳이 없지만 통하지 않든지 막히면 즉시 병이 생겨 아픈 곳이 생긴다는 말이다. 병이 나서 아프기 전에 운동과 몸에 좋은 음식으로 우리 몸의 기관이 서로 소통이 잘되도록 하는 것이 건강을 지키는 가장 중요한 비법인 것은 당연한 얘기다.

사람과의 관계에도 소통이 중요하다. 첫 번째 가정생활에서 부부관계도 소통이다. 부부간에도 대화가 잘 이루어져 서로의 마음이 막힌 것 없이 잘 통해야 사랑도 있고 행복도 있다. 처음 결혼하여 깨가 쏟아질 때는 할 얘기도 많고 하는 얘기가 재미있다. 그러나 살다 보면 항상 그렇게 즐겁지는 않다. 부부가 나눌 이야기가 점점 줄어든다.

가정에서 주부가 가사 일에만 열중하다 보면 대화의 주제가 빈약해진다. 반대로 남편은 회사에서 점점 직책이 높아져 중책을 맡아 사회생활의 폭이 넓어지면 아내와 대화의 주제가 맞지 않는 경우가 있다. 이럴 때 남편은 아내를 이해하고 서로가 주제를 잘 선택하여 대화를 많이 나누도록 노력해야 한다. 아내는 남편이 회사에서 돌아오면 오늘 집안에서 있었던 사소한 일, 아기가 커가는 모습이라도 많은 것을 말해 주어야 한다. 또 상대가 말할 때면 귀담아 잘 들어 주어야 한다. 자신의 생각과 맞지 않은 말이라고 외면하거나 면박을 주어서는 안 된다. 그렇게 작은 주제라도 대화를 많이 해야 부부관계가 좋아진다. 부부간에 대화를 많이 하여 소통이 잘 되는 남자는 사회생활을 즐겁게 하며 얼굴도 밝게 보인다.

전통적으로 고부간의 관계나 시댁과의 관계는 어려운 문제로 생각한다. 그 어려움도 결국은 소통이다. 며느리와 시댁의 소통이 잘되지 않는 핵심을 보면 며느리를 다른 식구로 생각하는 데서 문제가 많이 발생한다. 며느리 역시 시댁이나 시어머니를 같은 식구, 내 부모로 생각하지 않는 것이 갈등의 시발점이다. 아예 시댁이나 시어머니를 싫어해 '시媤'자 들어가는 시금치도 안 먹는다는 말도 있다. 그렇게 해서는 소통이 잘 이루어질 리가 없고 불화는 분명 발생하기 마련이다. 그러나 현대사회는 핵가족을 이루어 따로 살고 있어 웬만한 상식과 교양을 갖춘 사람이면 관계를 잘 이루고 지낼 수가 있다. 핵심은 진정 가족이라는 생각으로 서로를 이해하여 소통이 잘 이루어져야 하는 것이다.

　사회생활에서도 다른 사람과의 소통이 잘 이루어져야 마음 편히 즐거운 삶은 살 수가 있다. 세상의 일들, 특히나 가까운 사람 간에도 꼭 내 생각과 같을 수는 없다. 나는 빨강색을 좋아하지만 다른 사람은 싫어할 수도 있고, 다른 사람은 맥주를 좋아하지만 나는 막걸리를 좋아할 수도 있다. 남이 빨강색을 좋아하지 않는다고 해서 따질 필요도 없고, 내 생각처럼 막걸리를 마시지 않고 맥주를 마신다고 불평을 말할 수는 없다. 상대의 생각을 따지기보다는 상대의 생각을 이해하는 것이 소통의 방법이다.

　많은 사람들이 모여서 논의를 하다 보면 토론을 잘하는 사람이 있다. 핵심을 정확하게 파악하여 논리적으로 설명을 하여 다른 사람과 소통을 잘하는 것이다. 그렇게 다른 사람의 마음과 소통이 되면 토론은 원만하게 진행되고 좋은 결과를 얻게 된다.

어떤 사안에 대해 논의를 하다 보면 한참을 떠들어도 종말에 가서는 대개가 보편적 상식에 의해 결정되는 경우가 많다. 때문에 혼자의 생각을 강하게 주장하기보다는 논의 대상의 분위기를 잘 고려해 주장을 펴는 것이 중요하다. 되지도 않는 주장을 강하게 하면 다른 사람의 경계 대상이 된다. 내 주장은 적당하게 하고 도움이 될 만한 행동을 하는 것이 다른 사람에게 감동을 주어 원활한 소통을 이루게 한다.

세상일이 모두가 내가 생각했던 대로 이루어지는 것은 없다. 생각하는 바가 모두 다른 여러 사람들이 어우러진 세상에서는 서로 간의 생각이 잘 소통되어 서로 다른 의견이 조화롭게 융화되어야 평화로운 생활을 이루어 나갈 수 있는 것이다. 가을 산의 단풍이 아름다운 것은 한가지 색깔의 단풍만 있는 것이 아니라 여러 가지 색깔이 한데 어울려 조화를 이루기 때문이다. 굳이 특별한 자신의 생각을 들어내 강하게 주장을 하여 불통이 되는 것보다는 이해와 양보로 소통을 잘 이루는 것이 다른 사람으로부터 인정을 받고 신뢰를 얻을 수 있는 것이다. 소통은 인간관계를 이끌어가는 묘약이다. (2022. 11. 15.)

정직하게 살아라

정직하게 살아라, 자라는 동안 부모님으로부터 가장 많이 들었던 교훈이다. 사람이 태어나 살아가는 동안 많은 것을 듣고 배우면서 성격이나 행동이 형성되어 간다. 중학교 시절 엄숙하신 교장 선생님의 도덕 수업을 비롯해 멋모르고 다니던 교회의 전도사님까지 학교에서나 주위에서 도덕적으로 도움이 되는 가르침을 많이 받았다. 그중에는 역시 부모님의 가르침이 가장 많았고 영향이 컸을 것이다.

부모님의 말씀을 잘 듣지 않았던 사람도 세월이 흘러 나이가 많아지면 어릴 적 부모님이 했던 말들을 기억하며 후회한다. 어느 날 타고 가던 택시 기사께서 이야기 끝에 들려준 이야기다. 요즘 자식들에게 잔소리를 많이 한다고 했다. 왜냐하면 자신이 환갑이 되니까 이제사 옛날 부모님이 자신에게 해 준 말들이 기억난다는 것이다. 부모님이 자식 잘되라고 해 주신 말씀을 한 귀로 듣고 한 귀로 흘려 지킨 것이 하나도 없는데 환갑이 되니 그 말들이 생각이 나고, 말을 듣지 않은 것이 후회된다고 했다. 자식들도 지금은 애비의 말을 듣지 않지만 훗날 그들이 환갑이 되면 자기가 해 준 말이 기억날 것이라고 했다. 어려서 들었던 부모님 말씀은 성인의 가르침 이상으로 중요한 가르침이 아닌가 생각된다.

우리 아버지는 자식들에게 화를 내거나 나무라는 일이 전혀 없었다. 어머니가 자식들의 잘못을 꾸짖을 적에도 "야이 사람아, 그만 놔두게"하고 말릴 뿐이었다. 대신 어머니는 성깔이 대단해 두 번 말해 듣지 않으면 회초리를 들고 혼을 내는 덕분에 우리 10명의 형제는 어머님의 호랑이 같은 성격을 알기에 어머님의 말은 잘 들었던 것 같다.

어머니께서 하신 말씀 중 가장 기억에 남는 것은 "사람은 정직해야 한다"는 것이었다. 남을 속이거나 거짓말을 해서는 안 되고, 남의 것을 탐내거나 훔쳐서도 안 된다는 말씀을 많이 하셨다. 커서 사회생활을 할 때 어머님의 다른 말씀은 기억이 나지 않아도 그 말씀은 기억이 또렷했다. 어떤 일이 닥쳤을 때 덩치에 비해 새 가슴인데다 정직하라는 어머님의 말씀이 생각나 욕심을 자제한 일이 많았던 것 같다.

정직하게 살아야 한다. 삶이 잘 못 되는 것은 정직하지 못한 데서 비롯되는 경우가 허다하다. 공직자가 자신의 신분에 벗어 난 일을 하는 것도 정직하지 못하기 때문이다, 정직하지 못해 저지른 일은 결국 신상에 해로 돌아온다. 사업을 하는 사람도 정직하지 못한 일을 하면 당장은 이익이 생기고 덕이 되는 것 같아도 정직하지 못한 결과가 언젠가는 명명백백히 드러나 어려움을 겪게 되는 것이다. 정치인도 정직하지 못해 부정을 저질렀다가 정권이 바뀐 뒤에 잘못이 밝혀져 자신의 명예뿐 아니라 패가망신하는 경우를 많이 본다.

사람에게는 욕심이 있다. 명예를 얻고자 하는 욕심, 재물을 구하고자 하는 욕심 등 눈앞에 보이는 이익이 발생하면 욕심이 생기고, 그 욕심이 도를 넘어 과하게 되면 정직을 상실하고 부정을 저지르게 되어 평생의 화를 자초하는 것이다. 그래서 영국에는 "하루를 행복하게 보내고 싶으면 이발을 하고, 일주일 동안 행복하고 싶으면 결혼을 하라. 한 달 동안 행복하고 싶으면 말을 사고, 한 해를 행복하고 싶으면 새집을 지어라. 그러나 평생을 행복하고 싶으면 정직하라"고 하는 이야기가 있다고 한다.

젊은이들에게 해 줄 중요한 말이라면 첫째가 '정직하게 살라'는 말일 것 같다. 요즘 사회는 신의는 상실되고 어떻든 수단과 방법을 가리지 않고 당장 잘 되고 보자는 생각이 팽배해 있다. 정치인들도 부정과 부패가 판을 치고 있다. 정직하지 못한 사회는 발전하지 못한다. 젊은 사람일수록 정직하게, 당장 죽더라도 정정당당하고 떳떳하게 사는 것이 올바른 길이며, 사회와 국가가 발전하는 길임을 명심해야 할 것 같다.

훈육은 용기를 불어넣는 것이다

　모 TV 방송에 청소년이나 어린이의 잘못된 행동을 영상으로 보며 정신과 의사의 조언을 듣는 프로그램이 있다. 어린아이의 삐뚤어진 행동은 여러 유형이 있었고, 그중에는 상상하기 어려운 행동도 있었다. 그 프로그램에 나오는 가정은 대체로 형편도 나쁘지 않고 엄마와 아빠도 자식을 사랑으로 키우는 것 같았다.
　자식은 사랑으로 키워야 한다. 꽃나무도 좋은 땅에 심어 거름을 주고 물도 자주 주면서 사랑스럽게 키우면 더 예쁜 꽃이 피게 된다. 자식도 사랑으로 양육해야 인성도 좋은 사람이 되고 좋은 인성 위에 학문도 잘 닦으면 훌륭한 사람이 되는 것이다.

그러나 무작정 사랑만 한다고 좋은 교육이 아니고, 훌륭한 사람으로 키워지는 것이 아니다. 적당한 훈육이 필요하다. 그 방송프로에서 나오는 문제의 아이들은 부모로부터 과잉 사랑을 받는 것처럼 보였다. 모든 것을 아이가 해 달라는 대로 해 주고, 아이의 비위를 맞추는데 온 정성을 쏟는다. 아빠는 아이와 함께 있을 때면 아이의 기분 맞추기에 바쁘다. 아이가 잘못하는 말이나 행동을 해도 그냥 웃고 넘긴다. 아이의 요구만 들어주며 비위를 맞추면서 아이를 훈육訓育하는 일은 없는 것 같았다.

훈육은 한자로 가르칠 훈訓 자에 기를 육育 자이다. 자식을 가르쳐 가며 키워야 한다는 것이다. 가르친다는 것은 말씨나 행동이 바르지 못할 때 언행을 바르게 가지도록 타일러야 하는 것이다. 어떻게 타일러야 하는가. 한자의 훈자를 보면 '말씀' 언言자 옆에 '내' 천川 자가 있다. 川 자는 회초리 세 개다. 이 글자를 풀이하면 잘못된 행동을 할 때면 말로서 회초리 세 대를 때리는 것처럼 따끔하게 타일러 가르쳐야 한다는 것이다.

훈육은 아버지가 해야 한다. 엄마와 아버지는 목소리부터가 다르다. 아이들이 귀에 좋게 들리는 소리는 여자의 가느다란 목소리다. 훈육할 때 엄마의 소리는 아이에게 좋은 소리로 들릴 뿐만 아니라 엄마의 배 속에서 태어났기 때문에 본능적으로 엄마의 목소리는 무섭지 않다. 그러나 아버지의 목소리는 듣는 아이에게 위엄과 자극이 심하다. 두, 세 살 먹는 어린아이에게 여자가 '이놈!' 하고 소리를 지르면 별 반응이 없지만 남자가 '이놈!' 하고 말하면 아이가 울어 버리는 것을 볼 수 있다.

아버지가 아이에게 훈육을 할 때는 아이를 조용히 불러 좋은 말씨로 엄격하게 지적해야 한다. 그때 지적받는 아이는 아버지의 엄한 목소리를 들으며 잘못을 깨닫기도 하지만 그 순간 뇌에서 도파민이라는 호르몬이 나온다고 한다. 그런데 잘못된 말이나 행동을 하는데도 훈육을 하는 일이 없으면 본인의 말이나 행동이 잘못된 것인지 깨달을 줄도 모르는 것은 물론, 지적을 받을 때 뇌에서 호르몬이 나오는 일이 없게 된다. 어려서 훈육으로 인한 호르몬 배출이 없으면 성장한 후에 잘못을 저지르고도 자신이 무엇을 잘못했는지 모르는 사람이 된다. 훈육을 할 때 화를 내어 폭언이나 폭력을 해서는 안 된다. 화, 폭력, 폭언은 아이에게 전이가 되어 거친 성격으로 성장할 수 있으므로 삼가해야 한다.

  요즘 부모가 아이들을 나무라지 않는 것은 기죽은 아이가 될까 염려되어서라고 한다. 그러나 훈육은 기가 죽는 것이 아니라 오히려 용기 있는 사람으로 성장한다. 아버지의 훈육은 세상의 창이다. 아버지가 바르게 훈육을 하면 뇌에서 적당한 호르몬이 배출되면서 훈육을 통하여 세상을 알게 된다. 그렇게 성장한 아이는 사회에 나가서도 예의도 바르고 정의에 용감한 멋있는 사람이 된다. 그러나 아버지의 훈육 없이 자란 아이는 사회생활을 하면서도 항상 세상이 자신의 생각과 다른 것 같아 두려움을 느끼고 용기가 없으며, 대신 불의에 용감한 사람이 되어 나쁜 행동도 할 수 있다.

  한국의 초등학생과 일본의 초등학생이 식당을 들어가게 되었다. 한국의 초등학생은 자리를 먼저 차지하려고 신발을 아무렇게나 벗어 놓고 들어갔으나, 일본의 초등학생은 신발을 신발장에 가지런히 넣은 뒤에 들어갔다고 한다. 일본 사람은 자녀들에게 가르치는 가정교육의 첫 번째가 "남에게 폐를 끼치지 말라"는 것이라 한다. 그런 훈육이 신발부터 정리하는 행동으로 나타나는 것이다. 일본을 여행할 때 보면 일본의 성인들도 교통질서를 비롯해 기초질서를 잘 지키는 것을 느낄 수가 있다.

애완견을 키울 때이다. 그 강아지는 너무 순하고 영리하여 뭐 하나 잘못을 저지르거나 나무랄 일이 없었다. 길을 갈 때 목줄이 없어도 세 발짝 정도 앞서서 길 왼쪽으로 좌측통행을 하는 강아지였다. 그런데 간혹 우리 아이에게 낮은 소리로 훈계를 할 때면 덩달아 애들 가슴에 꼭 안기어 아이 얼굴 한번 보고 내 얼굴 한번 보고 하다가 눈치를 봐 살며시 나에게 와서 코로 내 손을 슬쩍 들이박고는 내 얼굴을 빤히 쳐다보는 것이다. 그때 그 눈을 보면 영락없이 '그만 하세요'라고 말하는 눈치이다. 그런데 이런 행동을 아내에게는 보이는 일이 없었다.

늑대들은 서열이 분명하다고 한다. 그래서 늑대과인 강아지도 서열을 잘 파악한다. 애완견도 이 집안에서 서열이 어떤지는 본능적으로 알게 된다. 그래서 가족들에게 대하는 행동이 각각 다르다. 강아지가 잘못을 저질렀을 때 여자 주인이 나무랄 때와 남자 주인이 나무라는 경우에 반응은 판이하게 다르다. 애완견이 귀엽다고 너무 감싸고 키우면 나쁜 버릇이 생기지만 적당히 거리를 두면서 간혹 잘못을 저지를 적에는 남자 주인이 알맞게 훈육을 하면 눈치 빠른 강아지가 알아채고 행동이 바르게 자라게 된다.

훈육은 사람이나 강아지나 모두 바르게 성장하는 네비게이션이다. (2023. 2. 9.)

희망의 끈을 놓지 마라

　사람의 운명은 태어날 때부터 타고나는 것인가. 사람마다 생각이 다르겠지만 전혀 아니라고 말할 수는 없는 것 같다. 지난날을 돌아보면 무엇인가 정해진 운명의 길을 걸어 온 것 같은 느낌이 들 때가 많이 있다. 젊은 시절의 내 자신은 지금의 내가 아니다. 지금의 나와는 전혀 다른 생각을 했었고, 지금으로서는 상상도 못 할 행동은 어디에서 나왔던가. 그러나 그렇게 생각하고 그렇게 행동했던 것은 내가 걸어야 하는 운명의 길이었다라고 생각한다.

　한평생을 살아가는 동안 중요한 것 중의 하나가 어떤 직업을 가지는가이다. 수많은 종류의 직업 중에 좋은 직업을 갖고 싶지 않은 사람은 없을 것이다. 돈도 많이 벌면서 편한 직업, 그러면서 명예도 얻을 수 있는 직업을 누군들 갖고 싶지 않겠는가? 그러나 직업을 갖고 싶다고 얻어지는 것이 아니다. 자신이 가져야 할 직업은 자신도 모르게 운명적으로 만나게 된다.

그러나 직업이 운명이라고 해서 그저 이루어지는 것은 아니다. 운명이 정하여 있다 해서 하늘만 쳐다보고 있어서는 안 된다. 자신에게 운명적으로 찾아오는 기회를 붙잡아야 한다. 시험을 봐서 얻을 수 있는 직업이면 합격을 할 수 있도록 열심히 공부를 해 실력을 갖추어야 하고, 기술이 필요한 직업이면 알맞은 기술을 습득하고 있어야 한다. 이처럼 자신에게 다가오는 운명은 바라만 볼 것이 아니라 사전에 준비된 실력으로 운명을 개척하고 행운을 잡아야 한다.

막연하기만 한 미래의 운명을 개척해 나가기 위해서는 첫째로 희망을 가져야 한다. 희망을 가져야 한다고 하면, 그마저도 막연할 수도 있다. 무슨 희망을 가져야 할 것인가. 그러나 막연한 희망일지라도 희망의 끈을 붙잡고 있어야 한다. 그래야 실망, 불안, 걱정 등 부정적인 감정을 극복할 수 있고, 기회가 찾아왔을 때 그 기회를 맞을 수가 있다.

둘째, 할 수 있다는 자신감을 가져야 한다. 내가 어떻게 그런 일을 할 수 있을까 하는 낙담이나 비관은 버려야 한다. 누구나 남이 가지지 못하는 자신만의 능력이 한 가지씩은 다 있다는 사실을 알아야 한다. 또한 능력이 부족하다고 생각되면 노력을 더하면 된다. 시험공부도 머리가 부족하면 공부를 남보다 몇 시간 더하면 된다. 정신적으로 할 수 있다는 의지를 가지고 노력하면 안 되는 일이 없다.

셋째, 살아가면서 다른 사람과의 인간관계를 좋게 유지해야 한다. 운명을 개척하는데 인적 네트워크만큼 힘이 되는 것은 없다. 사주팔자는 사람을 만나면서 결정된다. 어떤 사람을 만나는가에 따라 미래는 확연히 달라진다. 인간관계의 비결은 사람을 구별해서는 안 된다. 어느 구름에 비가 들어 있는지 모른다는 말처럼 어떤 사람이 어떻게 도움이 될지는 아무도 모른다. 그리고 겸손한 마음으로 상대의 말을 잘 들어야 한다. 남의 말을 귀담아 듣는 것은 그 사람의 마음을 얻는 것이며, 나의 운명을 개척하는 기회를 만드는 계기가 된다.

넷째, 바르게 살아가야 한다. 자신의 삶의 기준을 정하고 확실히 지키며 살아야 한다. 신분에 벗어난 엉뚱한 일을 해서는 안 된다. 학생은 학생의 신분에 맞게 살아야 하고 직장인은 직장인으로서 자신의 신분에 충실해야 한다. 가장은 가장으로서 바른 자세로 살아야 한다. 바른 자세가 습관이 되면 운명은 바르게 결정된다.

끝으로 시대를 앞서가는 사고를 가지도록 노력해야 한다. 제3의 물결이라는 말이 엊그제처럼 들린다. 즉 세상은 먹고사는 기초적 사고에서 정보와 지식의 시대가 도래했다고 했다. 그러나 이제는 제4의 물결, 창조와 상상의 시대이다. 모든 사물이 인터넷으로 연결되어 있고, 인공지능(AI)이 판단하고 문제를 해결하는 시대가 되었다. 옛날에는 변화의 속도가 100년이라면 지금은 10년이다. 이렇게 빠르게 변화하는 시대에 적응하며 함께 나아가는 사고와 지식을 가져야 한다. 그러나 시대는 변해도 인간성만은 좋게 지녀야 한다.

살다 보면 넘어야 하는 인생의 고개가 많이 있다. 그 고개를 넘을 때마다 생각이나 행동에 따라 인생의 운명은 변화한다. 타고난 운명도 있고 직업도 선택하는 것이 아니라고 할지라도 그 운명을 개척할 주인공은 바로 자신임을 확실히 기억해야 한다.

힘이 들어간다

　사람은 각자의 업業이 있다. 세상에 태어나 살아가면서 직업을 가지고 살아가는데 그 직업은 본인이 선택하여 가지기도 하지만 대부분은 부모를 선택해 태어날 수 없듯이 자신의 선택이 아닌 운명에 의해 만나게 된다. 이렇게 운명으로 만나는 직업도 항상 평탄하게 지나가지 않는다. 괴로움도 따르고 어려움도 있다.
　직장생활을 하면서 힘들 때가 있다. 회사에 입사하여 일도 잘 알지 못하고 서툰데 많은 양의 업무를 맡아 감당하기에 너무 벅차다. 일과 시간에 열심히 해도 다 끝낼 수가 없다. 제때

퇴근하지 못하고 계속해서 일 처리를 해야 한다. 다른 직원들은 퇴근 시간이 되면 즐거운 얼굴로 가정으로 돌아가는 것을 보면서 밤늦게까지 사무실에 앉아 일하는 자신이 너무 괴롭고 스스로 자괴감이 들기도 한다.

 직장에서 업무뿐 아니다. 상사의 괴롭힘도 감당해야 한다. 맡은 업무가 너무 많은데도 전혀 아랑곳 하지 않는 상사, 더 많은 업무를 부담시키면서 무능만을 말한다. 업무 외적인 일을 공적인 업무처럼 부하들에게 시키기도 한다. 그러면서도 개인적으로 흠을 잡아 핀잔을 주어 모멸감을 느끼게 한다.

 동료간의 불화도 직장생활을 괴롭게 한다. 직장동료는 동반자가 아닌 경쟁자일 수가 있다. 업무에는 무능하고 태만한 사람이 상급자 앞에서는 혼자서 일을 다 하는 것처럼 말로 아부를 하는 등 옆자리 직원의 상식에 벗어 난 행동은 많은 스트레스를 준다. 상사로부터 괴롭힘과 동료의 스트레스를 받을 때 출근하는 직장은 직장이 아니라 지옥과 같은 느낌이 들 때도 있다. (요즘은 이런 일들이 없는지 모르지만 옛날에는 직장에서 허다히 있었던 일이다.)

 인생살이 어려워도 다 해결할 수 있는 일이다. 직장 일도 마찬가지다. 직장에서 일이 너무 많아 밤중까지 일할 때는 몸이

힘이 들어간다 **65**

피곤한 것은 물론이거니와 집에 있는 가족들 생각에 내가 꼭 이런 일을 해야만 하는가 하는 생각도 든다. 그러나 생각해 보면 일이 많을 때는 그 일을 처리하는 능력과 실력이 크게 향상된다. 일을 무엇부터 해야 하는지, 어떤 방법으로 해야 빨리 처리할 수 있는 것인지, 일의 요령을 훤히 깨달아 알게 되는 것이다. 그래서 그 어려운 업무를 담당하는 시기가 끝난 뒤에는 어떤 일을 맡아도 두렵지 않고 어렵지 않게 처리하는 능력이 자신도 모르게 크게 향상되는 것이다,

또 인간관계도 그렇다. 상사나 동료로부터 멸시나 고통을 받을 때는 막가는 생각이 떠오를 때도 있다. 그러나 인내하며 시간이 가면 많은 것을 얻게 된다. 나를 힘들게 하는 상사에게 무조건 고개를 숙여 충성만 할 것인가, 아니면 부하로서 약자지만 부당한 지시에는 당당히 맞서는 강한 모습을 보일 것인가. 상황을 판단하는 능력과 알맞게 대응하는 처세술을 익히게 된다.

동료 간의 불화에 대하여는 내가 먼저 손을 내밀 것인가, 아니면 상대를 꺾어 버려야 하는가를 잘 살피며 인간관계를 잘 형성해 가는 기술을 연마해 가게 된다. 이렇게 대처하다 보면 대인관계를 잘할 수 있는 스스로의 힘도 기르고 자신을 성찰

하는 시간도 가지게 된다. 그리하여 모나지 않은 원만한 성품으로 변하여 누구를 만나더라도 상대를 이해하고 배려할 줄 아는 훌륭한 인격을 갖추게 되어 다른 사람들로부터 존경과 신뢰를 받게 되는 것이다.

'힘든다'는 말은 '힘든다'는 말이 입 밖으로 나오는 그 시기에 내 몸속으로 '힘이 들어간다'는 말이다. 나의 능력이 한 단계 더 업그래이드(upgrade) 된다는 의미이다. 힘든 그 시간을 잘 견뎌내야 한다. 그래야 자신이 하는 일에 능력자가 되고 원만한 성품을 가진 인격자가 되는 것이다. 그리하여 인정받는 사람이 되어 승진을 하던지 더 좋은 앞길이 열리게 된다. 힘들 때마다 자기가 하는 일을 때려치우고 직장을 옮겨 다니는 사람이 잘 되는 것을 본 일이 있는가?. 그런 사람은 결국은 무능력한 사람으로 전락하고 인격도 피폐하여 다른 사람과 좋은 인간관계를 맺고 살지 못한다.

젊어서 고생은 사서도 한다는 말이 있다. 매일 닥치는 어려움도 헤쳐가기 힘든데 대가를 주고 고생을 사서 한다는 것은 불합리한 말이다. 그러나 그 속담은 고생하는 사람을 격려하는 뜻도 있고 또 미리 고생 해 본 사람은 그 경험이 바탕이 되어 훗날 성공하는 사람이 될 것이라는 축원의 의미도 있다.

진달래와 매화는 추운 겨울을 지나지 않으면 꽃이 피지 않는다고 한다. 개나리도 더운 나라에 가서 심으면 꽃이 피지 않는다. 봄에 뿌린 보리보다는 가을에 씨앗을 뿌려 겨울을 이겨낸 보리가 수확도 많고 맛도 더 좋다고 한다.

인생의 길은 쉬운 길 보다는 어려운 길에 삶의 가치와 깨달음이 숨어있다. 어려움의 길에는 고통, 상처, 배신과 실패와 같은 말들을 만난다. 공포와 두려움도 맞서야 한다. 그러나 그 어려운 길을 참고 견디어 내면 어려움의 끝에 성장과 성공의 보물이 숨어있는 법이다. 힘들 때 힘이 들어간다. 참고 정진하라. 인생은 거리를 알지 못하는 장거리 마라톤경주이다.

(2022. 6. 28)

*젊은 시절을 생각하며 쓴 글이라 요즘 직장생활과는 다르리라 사료됨.

생명을 함부로 하지마라

가슴 아픈 뉴스다. 열 살 먹은 여자아이가 학교를 오지 않아 신고를 한 결과 부모와 함께 바닷속에 빠진 차 안에서 발견되었다. 그 애는 학교에는 부모와 같이 제주도에 1주일간 체험학습을 간다고 말했다고 한다. 그러나 제주에 간다는 것은 부모가 아이에게 거짓말을 한 것이고 아빠의 사업 실패로 인하여 가족이 함께 극단적 행동을 한 것이다.

이 뉴스를 들은 사람은 누구나 가슴 아프게 생각지 않은 사람이 없을 것이다. 세상 모르는 천진한 애가 무슨 죄가 있는가. 부모가 잘못한 일이 있다고 하여 자식인 그 아이에게까지 화가 미칠 이유가 없고, 애비 되는 사람이 자신의 생명을 버려서도 안 되지만 자식의 생명을 빼앗아 가는 행동을 한다는 것은 어이없는 일이며 있을 수 없는 일이다.

젊은 사람이 사업에 실패하고 목숨을 끊을 때는 그 고통이 얼마나 컸겠는가. 다른 사람은 그 사람의 고통을 이해하기 어렵다. 그러나 이 세상의 어떤 고통도 이겨 낼 수 없는 고통은 없다. 하나님은 사람에게 이겨 내지 못하는 고통은 주지 않는다고 한다. 특히나 요즘 사업 실패의 경우라도 국가에서 구제하는 방법도 있다. 다만 그 어려움을 이겨 내려는 의지와 인내가 필요한 것이다. 어려운 순간을 해결하고 이겨 내려는 생각은 없이 '안되면 말고'라는 극단적인 생각을 하는 것도 악랄하지만 거기에 어린아이까지 동반한다는 것은 인간으로서는 더 이상 할 수 없는 잔인한 행위이다.

사람이 이 세상에 태어나는 것은 우연이 아니다. 아니 이 세상에 존재하는 모든 생명은 모두 똑같이 귀하다. 땅속에서 솟아나는 풀 한 포기도 신의 은총이요 소중한 인연이거늘 하물며 사람의 생명이야 오죽하겠는가.

이 넓은 지구상에서 태어난 생명들은 온갖 역할을 한다. 생물뿐 아니라 무생물까지도 각자의 역할을 하는 것이 우주의 법칙이다. 맡은 역할이 힘든 것도 있고 수월할 수도 있다. 힘든 역할은 힘든 대로 수월한 역할은 수월한 대로 각자의 역할이 끝날 때까지 열심히 살아야 한다. 그것이 이 지구에 태어난 그 생명의 의무이다.

꽃나무도 좋은 땅에 씨를 심고 물을 주어 잘 자라면 예쁜 꽃이 피고, 그 꽃이 지고 나면 열매가 맺는다. 그 열매는 다시 또 예쁜 꽃의 씨앗이 되어 예쁜 꽃으로 피어난다. 그런데 그 꽃나무가 자라는 동안에 물도 없고 영양분도 없으면 좋게 자라지 못하고 예쁜 꽃이 필 수가 없다. 또 자라는 동안에 비바람에 꺾이면 그 꽃나무는 지구상에 태어난 역할을 하지 못하고 사라진다.

이 지구상에 태어난 사람도 꽃과 다름이 없다. 부모의 사랑을 받고 자라서 좋은 교육을 받으면 훌륭한 사람이 된다. 그러면 이 사회나 국가에 자신이 태어난 역할을 충실히 할 것이다. 사람이 여러 형태와 모양으로 인생을 살아가는 것은 이 지구에서 수행해야 할 자신의 역할이다. 자신의 역할이 충실하게 살다가 이 생명이 다하면 꽃처럼 남겨진 씨앗이 있고, 또다시 인연으로 이 세상에 올 수도 있다.

생명을 함부로 하지 마라. 풀뿌리 하나도 귀한 생명인데 하물며 다른 동물, 특히나 사람의 생명이야 얼마나 귀한 것인가. 생명을 함부로 죽이면 안 된다. 죽이는 사람의 마음 자체가 악마의 허물을 쓰는 것이요, 죽은 생명으로부터 원망과 복수를 받을 수 있다. 모든 생명을 귀하게 여기며 사랑하는 것은 자신의 삶을 사랑하는 것이요 이 우주에 태어난 각자의 의무이다.

상속재산 문제로 싸우지 마라

　누가 돈에 침 뱉으랴. 돈을 싫어할 사람은 없다. 가훈을 "돈이 제일이다. 공짜는 없다. 세상에 믿을 사람 없다."라고 써 붙여 놓은 사람이 있다고 한다. 가훈이라면 흔히 공자님 말씀처럼 도덕적이고 진지하고 무게가 있어야 할 것
　같은데 그런 것과는 거리가 있고, 그렇게 쓴 사람의 인간성이 너무 인색하고 삭막하기까지 한 기분이 든다. 그러나 따지고 보면 틀린 말은 아닌 것 같다.
　간혹 상속세 문제를 상담하러 오는 사람이 있다. 단순히 내어야 할 세금이 얼마나 되는가를 문의하는 사람도 있으나 가

만히 살펴보면, 많은 사람이 마음속으로 자기에게 돌아올 몫이 얼마인가 계산하고 있고, 자신이 받는 몫에 대한 불만을 품고 있다. 밖으로 표출하여 시비까지는 발생하지 않아도 상속재산 문제로 형제간, 또는 친척 간에 마음을 상하는 사람은 열 명 중 일곱, 여덟은 되는 듯하다.

최근에 자매가 왔다. 모친이 별세하여 상속세를 문의하기 위해서 왔다는 것이다. 그런데 둘 사이가 옅은 장막이 막혀 있는 듯했다. 상속재산은 시가 40억 상당의 건물이다. 그런데 13년 전, 모친이 장녀에게 시가 1억 5천 상당의 아파트를 한 채 증여했는데 그것이 지금은 4억 원 상당 한다는 것이다. 알고 보니 언니는 상속받는 재산(건물)으로 절반씩 분배하자는 것이고, 동생은 증여받은 아파트 시가 4억을 합쳐 1/2로 나누자는 것으로 인해 감정이 나빠져 있는 것이었다.

상속세는 사망한 분(피상속인)의 재산을 시가로 평가하고 시가를 알 수 없는 때는 감정평가를 하던지 세법에 의거 평가하여 상속재산 가치를 결정하고, 채무가 있는 경우 부채를 차감한다. 공제액은 배우자가 있는 경우는 10억, 배우자가 없으면 자녀 공제액 5억을 차감한다. 사망 전에 자녀나 타인에게 증여한 재산이 있는 경우 10년 내의 증여액을 상속재산에 가산하고 납부한 증여세가 있으면 상속세에서 공제한다.

상속재산의 분배 비율은 민법상 배우자 1.5, 자녀는 각각 1이다. 배우자와 자녀가 2명이라고 가정하면 배우자는 1.5/3.5, 자녀는 1/3.5의 비율로 분배해야 한다. 꼭 이 비율대로 분배하지 않고 상속자 간에 협의에 의해 재산을 분할 할 수 있다. 옛날에는 장남이라고 더 받은 경우가 있었으나 지금은 자식들 간에는 아들이건 딸이건 분배하는 비율이 꼭 같다.

간혹 사망자가 어떤 사유로 상속재산 전부를 한 사람에게 몽땅 상속하던지 누구에게는 상속재산을 전혀 주지 않는 경우가 있다. 이를 때 억울하다고 생각하는 사람은 유류분청구소송을 해야 한다. 유류분의 비율은 사망자의 배우자나 직계비속은 법정상속분의 1/2이며 사망자의 직계존속이나 형제자매는 법정상속분의 1/3이다. 유류분 청구 대상 자산의 가액은 사망자의 재산 가액에 증여재산 가액을 더하고 채무액을 차감한다. 이때 가산하는 증여재산은 사망하기 전 1년 내 증여한 재산이다.

상속재산과 관련하여 상속자 간에 분쟁이 많이 있다. 2021년 국세통계에 의하면 상속세를 신고는 14,951명으로 66조 원의 세금을 납부하였다. 그중 상속재산분할 심판청구는 2020

년 기준 2,695건으로 상속 관련 소송이 5년 사이에 2배가 증가하였다. 상속재산으로 형제간에 다툼이 많다는 말이다.

방문한 자매 중 동생은 벌써 법원에 소송을 했다. 제3자가 보면 40억 상당의 상속재산도 큰 금액이다. 언니는 13년 전 받은 것이니 상속재산과는 별도라고 생각하고, 동생은 언니가 받은 아파트 시가가 4억이나 되니 1/2이면 2억 원이란 큰돈이니 욕심이 나는 것이다.

일본의 변호사 『니시카와 스토무』가 쓴 "운을 읽는 변호사"라는 책에 보면, 오랜 변호사 경험에서 가장 운을 나쁘게 만드는 사람은 상속재산을 많이 가지려고 다투는 사람이라고 한다. 그런 사람은 상속재산을 많이 가지긴 해도 훗날 자식이 교통사고를 당하는 등 꼭 나쁜 일이 생기는 것을 보았다는 것이다.

상속재산 문제로 싸우지 마라. 견물생심, 돈을 보면 욕심이 난다. 그러나 욕심을 절제하고 살아야 한다. 1, 2억이 적은 돈이 아니라 욕심이 나지만 피를 나눈 형제간에 우애도 중요하다. 살다 보면 돈이 그다지 쪼들리는 형편이 아니면 돈 1, 2억 원이 그렇게 인생의 행복을 좌우하는 것은 아니다. 그 돈으로 인하여 형제간에 다투고, 소송을 하는 그 마음속이 더 고통일 수가 있다.

　사람의 삶의 목표는 행복이다. 행복은 물질에 있는 것이 아니다. 물질에 어떤 마음을 가지느냐에 따라 행복이 달라진다. 가진 것에 감사하는 마음을 가져야지 더 많이라는 마음을 가져서는 절대 행복할 수 없다. 재물 부자는 근심이 한 짐이요, 마음 부자는 행복이 한 짐이라. 욕심을 줄이고 수분지족守分知足, 분수를 지키고 만족할 줄 알면 그것이 참 부자요 행복한 사람이다.

화를 내지 말라

살면서 화를 내지 않은 사람은 없을 것이다. 수도자나 성직자도 한번은 화를 내지 않았을까? 화라는 것이 도대체 뭐길래 사람들이 피할 수가 없고 화를 내는 것으로 인하여 개인 간에 다투기도 하고 사회가 혼란스럽다. 가능한 화는 내지 않고 살아야 한다.

그런데 가만히 들여다보면 누구나 마음속에는 화가 차 있다. 그렇게 차 있는 화가 밖으로 표출되느냐 표출되지 않느냐 차이가 있을 뿐이다. 가령 아이가 학교에 가면서 돈을 달라고 하면 당장 화가 밖으로 튀어나와 성난 말부터 하는 사람이 있는

가 하면, 같이 살아가는 부부간에도 대화 중 대수롭지 않은 말인데도 화를 내어 언짢은 소리가 길어지는 경우가 있다.

　화를 내야 할 일이 발생하면 즉각 화를 내는 사람이 있는가 하면, 화를 낼만한데도 화를 내지 않는 사람도 있다. 또 꼭 같은 말인데도 그 말을 듣고 화를 낼 때도 있고 그렇지 않을 때도 있다. 이렇게 화를 내는 것과 화를 내지 않는 것은 감정의 차이이다. 감정은 그릇이 기울면 엎질러지는 물과 같다. 담겨있는 물은 그릇이 조금만 한쪽으로 기울어져도 밖으로 쏟아지게 되어 있다. 물이 쏟아지지 않게 하려면 그릇이 반듯하게 놓아야 한다. 감정도 물을 담은 그릇처럼 반듯하게 유지되도록 힘쓰지 않으면 안 된다.

　화는 가만히 혼자 있을 때 나는 일은 드물다. 대체로 사람과 사람 사이에서 화나는 일이 발생한다. 사람마다 감정이 다르고 욕심이 다르기 때문이다. 사람이 사람을 만나는 일에 감정은 눈에 보이지 않게 스며드는 물기와 다름이 없다. 스스로 화를 제어하는 능력을 가질 수 있게 좋은 마음을 유지하도록 노력하여야 한다. 그렇지 않으며 일순간에 자신도 모르게 화를 내어 악마가 되기도 하고 짐승이 되기도 한다.

　오랫동안 사귀어 온 친한 친구 간에도 대수롭지 않은 일인데도 화를 내면 자신도 모르게 나쁜 말을 쏟아 내게 된다. 경우에 따라 지나치게 사나운 말도 할 수 있다. 칼은 신체에 상처를 입히지만 나쁜 말은 영혼에 상처를 입히게 되고, 그간에 좋았던 우정이 깨어지게 된다. 따지고 보면 별것 아닌데도 화를 낸 결과이다.

자녀나 가족들 간에도 화를 내는 경우가 있는데 그럴 때는 먼 옛날 일도 기억이 떠올라 그동안 마음속에 쌓였던 감정이나 원망을 쏟아 내게 된다. 말하는 사람은 홧김에 말을 하지만 듣는 사람은 생각하고 있던 말이 아닐 수도 있어 그 말을 듣고 마음에 상처를 받을 수 있다. 말로서 얻은 마음에 상처는 오랫동안 마음속에 남아 또 다른 원망의 씨앗이 되어 치유하기 어렵다.

이렇듯 화를 내는 것은 집에 불을 지르는 것과 똑 같다. 집에 불을 지르기는 순간이지만 화재로 인하여 집은 완전 소실되어 재로 변한다. 순간적인 감정으로 화를 내지만 그 화로 인하여 지금까지 쌓아 온 좋은 관계가 완전히 무너지고 대신 원망과 원한이 쌓일 수 있는 것이다. 불타버린 집은 돈을 들여 깨끗하게 새로 지을 수가 있겠으나 사람이 마음에 말로서 입은 상처는 풀기가 쉽지 않다. 어쩌다 원수도 될 수 있다. 화를 낸다는 것은 상대에게도 크나큰 피해를 주지만 내 자신에게도 씻을 수 없는 원한과 오점을 남기게 되는 것이다.

화를 내어 홧김에 나쁜 말도하고 속 시원하게 상대에게 공격을 하지만 시간이 지나고 나면 대부분 후회하게 된다. 이기심이나 자존심 등으로 순간 감정이 사나워져 화를 내었지만 시간이 지나면 화를 내었던 마음이 사라져 없어지고, 감정이 풀리면 그 순간 조금만 참을 걸 하는 생각도 나고, 격하게 쏟은 나쁜 말들도 괜히 했다는 생각이 들기도 한다. 참을 인忍 자가 세 개면(忍..忍..忍) 살인도 면한다고 했는데 순간을 참지 못한 결과는 후회요, 화를 낸 자신이 패자敗者다.

혹시 화를 내었거나 화가 나 있다면 아래 시를 조용히 읽어 보고, 그리고 자신의 마음을 비교하여 다스려 보시라.

5월에 꿈꾸는 사랑

이채

꽃들은 서로 화내지 않겠지
향기로 말하니까.
꽃들은 서로 싸우지 않겠지
예쁘게 말하니까.

꽃들은 서로 미워하지 않겠지
사랑만 하니까.

제2부

爲善最樂
위 선 최 락

착한일 하는 것은 인생의 최고의 즐거움이다

꼰대라떼

　꼰대라떼? 요즘 커피숍에 가면 이름도 어려운 커피의 종류가 많이 있다. 그 중에 '~~라떼'라고 하는 커피가 여러 개가 있다. '꼰대라떼', 이 말을 처음 들을 때는 커피 이름으로 머리에 떠올렸다가 알고 보니 젊은 사람들, 소위 말하는 MZ세대가 늙은이를 향해 쓰는 은어隱語였다. '꼰대'는 '꽉 막힌 늙은이'를 말하는 것이고, 꼰대 뒤에 붙는 '라떼'는 나이가 많은 사람들이 옛날이야기를 하면서 "나 때는 말이야"라고 하는 '나 때'를 붙여 만들어 낸 말이었다.

　같은 시대를 살면서 대화를 나누다 보면 나이가 조금 아래라고 생각되는데 세대 차이가 많이 난다는 느낌을 가질 때가 있다. 별생각 없이 어린 시절의 이야기나 지난 과거를 말하면 너무나 생소하게 아주 먼 옛날이야기로 듣는 것이다. 이런 현상은 근대 우리의 역사가 빠르게 변화하고, 경제가 급속히 성장함으로 인하여 GDP 100불 미만을 경험한 세대와 그렇지 않은 세대 간 사고思考의 차이라 생각된다.

6·25가 발생했을 그때의 일이 아주 조금 생각난다. 가족과 함께 피난을 가서 냇가 언덕 아래 나무 밑에 돌을 깔고 앉아 있었다. 그 후 자라면서는 열 살도 되지 않는 내 또래의 꼬마들이 두, 세 명씩 짝을 지어 깡통을 들고 집 대문 앞에 서서 "밥 좀 주이소" 하는 것을 보았다. 그럴 때면 어머님은 사발에 밥을 퍼서 그들의 깡통에 나누어 주었다. 그들은 6·25 때 아버지가 전사한 아이도 있고 전쟁으로 가족과 헤어진 아이들이다. 그때는 그런 애들뿐 아니라 온 국민 모두가 무척 어렵게 살았고, 심지어는 양식이 없어 끼니를 거르거나 초근목피로 연명하는 것도 보았다. 하는 일이 대부분 농사일인데 죽도록 일을 해도 목에 풀칠하기 어려웠다. 그것도 논마지기나 있는 사람 이야기이고 자기 논밭이 없는 사람은 정말 어려웠다. 눈물 나는 단어 '보릿고개'의 실상은 1950년 이전 출생자라면 작게나마 눈

으로 보거나 직접 겪었을 것이다.

1961년, 5·16혁명이 발생하고, 그 후 박정희대통령의 제창으로 '새마을운동'이 실시되었다. 근면, 자조, 협동이라는 슬로건을 걸고 지역주민 스스로가 잘살아 보자고 일어난 자발적 운동이다. 아침이 되면 마을마다 동사무소에서 "새벽종이 울렸네, 새 아침이 밝았네. 우리 모두 일어나 새마을을 가꾸세"라고 하는 노래와 "잘살아 보세, 잘살아 보세, 우리도 한 번 잘살아 보세"라는 새마을 노래가 울려 나오고, 주민들은 일찍부터 동네 청소를 비롯하여 골목길도 넓히고 지붕도 개량하는 운동이 벌어졌다. 열심히 노력하여 조국 근대화의 기초를 다졌고, 국가도 부흥하여 차츰 가난에서 벗어나게 되었다.

1961년 1인당 국민 소득이 79달러, 절대 빈곤율 66.9%로 70%의 사람들이 굶고 살았다. 2021년 우리의 1인당 국민소득 33,591달러, 세계 최하위 나라 '부룬디(Brund)'의 1인당 국민소득이 272달러이니 비교하면 당시의 실상을 짐작할 수 있을 것이다. 그러던 것이 1979년 1인당 국민 소득 1,709달러로 20배나 증가하고 절대 빈곤율도 11.2%로 감소했으니 실로 한강의 기적이 일어나기 시작한 것이다.

우리나라에 가장 크게 변화를 가져온 것은 1988년 올림픽이

꼰대라떼

아니었나 생각된다. 사람들이 줄을 서고 질서를 지키려는 선진화 된 생각들을 가지게 된 동기도 1988년 올림픽 때부터이다. 올림픽에 이어 개최된 2002년 월드컵! 특히 우리나라가 4강까지 올라가는 바람에 국민들은 신이 났었다. "대한민국! 짜자작 짝짝!" 지금도 그날을 생각하면 신이 난다.

올림픽이 끝난 후인 1990년 1인당 국민 소득은 6,610달러로 경제가 급성장하게 된다. 경기도 좋아 경제가 활황으로 모두가 잘 사는 나라로 변하였다. 자가용 자동차도 이대부터 급격히 늘어나고 학생들은 학원도 몇 군데를 다녀야 하는 극성이 그때부터 시작되었다. 이후에 태어난 세대는 과히 선진국민先進國民으로 태어났다고 보아야 할 것이다.

이렇게 경제발전을 이룩하여 올림픽과 월드컵을 치르고 선진국이 된 것은 이 시대를 살고 있는 늙은이의 피와 땀과 노력이 있었기에 가능했다고 생각한다. 가난한 조국에 달러를 벌어들이기 위해 월남에 파병되어 포탄이 쏟아지는 정글 속에서 피를 흘리며 쓰러져 간 젊은 병사들, 독일에 광부로 파송되어 1,000미터가 넘는 지하 갱도에서 온몸에 석탄 가루를 뒤집어쓰고 땀 흘려 달러를 벌어들인 광부들, 광부들과 같이 독일로 갔으나 말이 통하지 않아 병원에서 눈물로 시체를 닦고 달러를 벌어들인 간호사들, 열사의 중동 건설 현장에서 노동으로 달러를 벌어들인 노동자들, 이들의 피와 땀이 공장이 되고 고속도로가 되었다. 실로 눈물 나는 이들의 희생이 조국의 경제 발전을 가져온 원동력이요, 조국 근대화를 이룩한 영웅들이다. 소위 MZ세대가 이런 사실들을 알기나 할까?, 알드라도 목숨을 건 그들의 희생과 피눈물 나는 고통과 설움은 잘 모를 것이다.

고생스럽게 살아온 사람들은 지금의 삶과 비교하면 힘들던 옛날을 생각하지 않을 수 없다. 부모님 덕분에 편하게 지내면서도 헬조선(hell 朝鮮)을 말하며 불만인 젊은이들을 보면서 악착같이 살아온 과거가 자신도 모르게 떠오르고, 어쩌면 현재의 모든 것들은 열심히 살아 온 자신의 긍지요 자랑처럼 여겨져 '나 때는 말이야'가 절로 나오는 것이다.

괜히 "꼰대 라떼"라 말하지 마라. 늙은이들이 이 나라의 발전을 위해 헌신한 공로를 알기라도 하면 국가에 아무런 공헌한 일도 없이 세계 10대 경제대국에서 풍요를 누리면서 늙은이를 폄하하는 자신이 부끄러울 것이다. 대신 작게나마 존경과 감사의 마음을 보내는 것이 마땅하지 않을까. (2023. 1. 20.)

책 읽기가 쉽지 않다

나이 일흔이 넘어 수필집을 하나 내었다. 젊은 시절에는 친구 좋아하고 운동 좋아했다. 시간 나면 테니스, 등산 등 운동으로 시간을 보내다 보니 독서를 잘 하지도 않았고, 나의 성격 자체가 아름다운 단어를 예쁘게 구사하는 문학과는 거리가 먼 것 같아 글을 쓴다는 생각을 해 본 일이 없다. 그런데 이제 세월이 흘러 나이를 먹고 보니 내가 살아 온 인생의 발자취를 수필로 쓰면 어떨까 하는 생각에 부산대학교 평생아카데미 수필반에 등록을 하였다. 수필에 대한 강의도 듣고 글을 쓰시는 분들과 같이 문학기행도 하고 보니 자신이 마치 문인이 된 듯한 기분이 들고 수필을 쓸 수 있는 용기가 생겨 용감하게 수필집 한권을 내게 된 것이다.

나의 수필이 훌륭한 문학 작품은 아니다. 또 훌륭한 수필이라고 평가를 바라는 것도 아니다. 내가 살아온 지난날들, 그리고 생각나는 소재들을 진솔하게 적어 보는 것이 나의 목적이다. 그런데 참 신기하게도 수필의 소재가 떠오를 때가 있다. 문득 소재가 떠올라 컴퓨터 앞에 앉으면 그때는 거침없이 글이 써져 내려가는 것이었다. 작곡가가 갑자기 악상이 떠오르는 것과 같은 것인가. 종종 히트를 한 유명한 곡을 지은 작곡가가 갑자기 악상이 떠올라 10분 만에 곡을 썼다고 말하는 경우가 있지 않던가.

시간이 날 때면, 또는 머리에 수필의 소재가 생각이 나면 하나하나 적은 것이 어언 50편이 넘어 용기를 내어 출판사에 맡겼다. 수필집의 제목은 『이 아름다운 지구별에 다시 태어나면』으로 정했는데 미리 생각했던 것은 아니다. 갑자기 머리에 떠올라 결정하고 보니 지난 70평생에 대한 반추와 미래에 대한 각오가 내포되어있는 듯한 멋진 제목이 되었다. 500부를 제작하여 알음알음 지인들에게 전달하고 끝이 났다.

재주 없는 글을 써서 나눠 주면서 읽는 사람들이 어떻게 생각할까 하고 신경이 쓰였다. 그런데 서울에 있는 친구 C에게서 전화가 왔다. "친구야! 자네의 글을 이틀에 다 읽었는데 두 번을 울었다"라고 했다. 감동적이었다. 내가 쓴 책을 읽어 주고, 그것도 두 번이나 눈물을 흘렸다니 이보다 더 기분 좋은 일이 또 있겠는가. 하기사 그 친구도 어릴 적 시골 남해南海에서 같이 자라 이제 80을 바라보는 나이이니 나와 동일한 감정이라 공감 가는 데가 있었을 것이다. 그 외도 "형님, 그 책이 나의 인생 교본입니다"라고 하는 후배도 있었고, 같은 아파트 주민은 엘리베이터 안에서 만나 "그 책이 재미있어 가족이 돌려가며 다 읽었어예"라고 하시는 여자분도 있었다.

그러나 꼭 그런 일뿐만은 아니다. 책을 받고도 한 페이지도 읽지 않고 던져 놓는 사람도 있고, 절반쯤 읽다가 남이 적은 글, 별로 흥미가 없어 덮어 놓은 사람도 있다. 그런데 대체로 평소에 책을 자주 읽는 사람은 책을 끝까지 읽고, 독서와 거리가 먼 사람은 읽다가 중간쯤 가서 중단한 것 같았다. 후일에 만나 반응을 보고 느낀 감정이다.

독서라는 것이 그런 것이다. 평소에 책을 자주 읽으면 글이 눈에 잘 들어 와 잘 읽어진다. 그리고 읽은 것이 연결되어 머리에 저장이 된다. 그런데 책을 멀리하여 어쩌다 글을 읽으면

「서자서 아자아書自書 我自我」 "글은 글대로, 나는 나대로 따로 따로"라는 말처럼 글자가 눈에 잘 들어오지 않아 잘 읽어지지도 않을 뿐만 아니라, 앞장을 다 읽고 뒷장을 읽으면 앞장에 읽었던 것이 전혀 기억이 나지 않아 재미가 없어 책을 덮는다.

책과 관계되는 직업이 아니라면 책을 읽기가 쉬운 일이 아니다. 2021년 통계상 우리나라 국민의 1년간 독서량은 평균 한 명당 4.5권이고, 성인 중 48%는 전혀 책을 읽지 않는다고 한다. 그러나 일본은 국민 1인당 평균 독서량이 73.2권으로 OECD 국가 중 두 번째이다. 1위는 미국으로 79.2권이다. 일본은 노벨 물리학상 9명 등 노벨상 수상자가 25명이 배출되었으나 우리나라는 현재까지 김대중 대통령의 노벨평화상이 유일하다. 독서량이 1위인 미국은 노벨상 수상자 숫자도 당연 1위이다. 노벨상을 받는 것이 경제적 여건도 관계가 있겠지만 독서의 영향도 큰 듯하다.

책을 많이 읽자는 의미로「남아수독오거서男兒須讀五車書」라는 글귀가 있다. '사내라면 모름지기 다섯 수레의 책을 읽어야 한다'는 뜻이다. 중국 당나라 시성『두보』의 시에서 따온 것으로 "부귀는 반드시 부지런히 힘써야 얻는 것이고, 남아는 모름지기 다섯 수레의 책을 읽어야 하지(富貴必從勤苦得, 男兒須讀五車

書)"의 일부이다. 옛날 그 시절, 책을 읽는 것을 무척 중요한 일로 생각한 것 같다.

간혹 『안중근 의사』가 '여순감옥' 안에서 썼다는 「일일부독서구중생형극一日不讀書口中生形棘」이라는 족자를 본 일이 있다. 낙관 대신 왼손의 약지 첫마디가 절단된 손바닥이 찍혀있는 것으로 내용은 '하루라도 책을 읽지 않으면 입안에 가시가 자란다'라는 내용이다. 입안에 가시가 자라기야 할까마는 독서를 하지 않으면 그만큼 소양이 떨어져 입안에 가시가 있는 것처럼 입이 거칠어져 말을 함부로 한다는 뜻이다.

책 안에 인생의 길이 있고, 책 속에 가까운 친구들이 있다고 한다. 책 속에 들어있는 삶의 지혜와 유명한 선인과 철학자 그리고 한 시대를 풍미했던 영웅들. 단지 그들은 만나느냐 만나지 못하느냐는 것은 우리들의 책 읽는 노력여하에 달려있다.

(2022. 3. 20)

사랑이 제일이라

사랑! 듣기에도 좋은 단어이고 생각하면 가슴 설레는 말이다. 사랑에는 많은 종류의 사랑이 있지만 사랑이라는 단어를 떠올리면 먼저 이성 간의 사랑을 생각한다.

사춘기가 되면 이성에 눈을 뜨게 되고, 그래서 누군가를 사랑하게 된다. 때론 여학생이 잘생긴 총각 선생님을 짝사랑하는 예도 있고 연예인에게 빠지는 일도 있다. 남녀가 사랑을 하든, 누군가를 남몰래 짝사랑을 하든 난생처음 이성을 사랑하는 것만큼 가슴 설레는 일은 없다. 사랑하는 사람을 생각만 해도 가슴이 뛰고 신바람이 난다. 온통 머릿속에는 무지개가 뜬 언덕에 예쁜 꽃들이 만발하고, 가슴엔 아름다운 음악이 흐른다. 사랑하는 사람의 생각으로 날이 새고 해가 저문다.

그런데 첫사랑은 가슴에 애달픈 사연만 남기고 끝을 맺는다. 처음 느껴 본 사랑에 실연失戀이라는 쓴맛을 본다. 처음 당하는 일인데다 상당히 힘들다. 누구에게 말도 할 수 없고 남몰래 눈물을 삼키며 속앓이를 하고, 며칠간을 목으로 물도 삼키지 못하고 밥도 먹지 못한 채 가슴을 태운다. 그러다가 눈물이 나면 '사랑은 눈물의 씨앗'이라는 유행가 가사를 생각하며 시인이 되고, '인생은 사랑 반 눈물 반'이라며 나름 소설을 쓰면서 소설가가 된다. 인생을 다 체험한 듯 자신이 인간의 고통을 다 해결할 수 있다고 생각하는 철학자가 될 때쯤이면 사랑의 아픔도 거의 아물어 간다. 이러한 특별한 경험을 프랑스의 소설가『스탕달』은 "뜨거운 사랑을 해보지 못한 사람은 삶의 반쪽밖에 모르고 사는 샘"이라고 표현했다.

사랑의 아픔엔 세월이 약이다. "첫사랑은 이룰 수 없는 것이라는 말이 명언이다"라고, 그래서 그때 그 사랑도 이루지 못한 것이라 위로와 체념을 하며, 세월이 흘러가면 실연의 아픔은 안개처럼 사라진다. 많은 세월이 흐른 후에는 난생처음 이성을 만나 짧게나마 영화 속 주인공같이 가슴 뛰며 사랑하다 애달픈 사연을 안고 헤어져야만 했던 그때를 생각하면 아프기보다는 너무나 달콤한 추억이다. 이것이 젊은 날의 로맨스다.

사랑하는 일은 사람에게 가장 중요한 일이다. 남녀가 성인이 되어 결혼을 하는 것도 사랑하기 위해서다. 한 생을 통해 결혼을 할 때처럼 행복한 시간이 또 있던가. 사랑하는 사람과 부부가 되어 처음으로 가정이라는 둥지를 틀고, 잠자리를 같이 하는 그 밤처럼 황홀하고 행복한 순간은 없다. 평생을 함께 정답게 살아가는 것도 사랑하기 때문이며, 사랑 속에 태어난 자식들과 아름다운 사랑을 엮어가는 가족은 사랑의 꽃밭이다.

사랑이란 사람에게 본능이자, 신이 주신 은총이다. 요즘 세상, 독신으로 살겠다는 젊은이들이 많이 있다. 결혼을 하지 않고 혼자 사는 것이 편할 수 있을 것 같아도 사랑하는 사람이 옆에 없으면 외롭고, 외로움이 길게 가면 우울해진다. 행복하지 못하고 행복하다고 느껴도 잠시일 뿐이다. 사랑이 옆에 없어 겉으로만 행복할 뿐이다. 자식을 낳아 키우는 일이 힘들고 괴롭다고 해도 부부의 사랑 속에 어디서 왔는지 알 수 없는 핏덩이가 몽글몽글 커가며 보여주는 사랑의 짜릿한 행복은 느껴보지 않으면 모른다.

사랑은 삶의 원동력이요 에너지이다. 사랑의 힘은 가늠하기가 어렵다. 무거운 연탄을 가득 실은 리어커를 남편은 끌고 아내는 밀며 고개를 넘는 힘도 사랑이다. 궁핍하던 어린 시절, 황소처럼 일하던 우리 아버지는 사랑하는 자식들의 입으로 밥 들어가는 것을 생각하며 힘든 줄 몰랐다. 추운 겨울, 이른 새벽 칼바람을 맞으며 공사장에 나와 일하는 인부들은 사랑하는 가족을 생각하며 하루 해를 짧은 듯 보낸다. 힘든 직장에서 하루를 보내도 사랑하는 아내의 위로 한마디에 몸속 피로를 희망으로 날려 보내고, 집안에서 하루 종일 자식들 치다꺼리에 힘든 아내는 사랑하는 남편의 칭찬 한마디에 바위덩어리 처럼 무겁던 가슴이 새털처럼 가볍다.

사랑이란 내가 주체가 되어 능동적으로 대상을 배려하고 아끼며 사랑하는 것이 본질이다. 애들이 어릴 적 강아지를 키우자고 했다. 집안에서 짐승을 키워 보지를 않아 좁은 공간 속에 강아지와 같이 살아도 될까 망설이다가 애들의 등살에 애완견 한 마리를 데려왔다. 거기서 느낀 것이 애들이 왜 강아지를 키우자고 했는가? 사랑만 받던 애들이 강아지에게 사랑을 주는 것을 그렇게 행복해 할 수 없어 했다. 결국은 사랑이란 받는 것보다는 주는 것이라는 것을 다시 한번 느끼게 했다.

부부가 같이 살다가 배우자가 먼저 세상을 떠나게 되면 이

별의 상처도 크지만 시간이 지나가면서 사랑하는 대상이 없는 공허감에 불면증도 생기고 우울증에 빠지기도 한다. 그런 괴로움을 벗어나기 위한 방편으로 반려견을 들여와 반려견과 말벗이 되고, 그 생명에 사랑을 주어 마음속에 사랑을 채운다. 사랑이 가득한 마음속엔 우울증이나 불면증이 나타날 수가 없다.

사랑이야말로 정말 중요하다. 사랑하는 마음으로 살아야 한다. 또 누구를 사랑해야 한다. 칠십이든 팔십이든 나이에 상관없이 가슴에 젊은 날의 로맨스 같은 사랑을 품고 산다면 그 이상 행복은 없을 것이다. 가족 간에도 사랑하고 화목해야 한다. 집 안에도 사랑이 충만하면 행운도 오고 재물도 따라온다. 그러나 사랑이 없으면 행복은 멀리에서 바라만 볼 뿐이다. 구름 낀 어두운 밤하늘 보다는 별이 총총히 빛나는 밤하늘이 아름답듯이 아무리 고되고 힘든 세상도 사랑이 있으면 아름다운 세상이다. 내 가까이 있는 사람을 진정으로 사랑하고, 오직 진실한 사랑으로 행복한 자신을 가꾸면 이 세상이 낙원이다.

부모 팔아 친구 산다

아침이면 친구들로부터 카톡으로 많은 문자가 날아온다. 좋은 글귀와 아름다운 동영상이다. 친구를 생각하며 반갑기도 하고, 아침 일찍이 나에게 카톡을 보낼 것이라 생각했다는 사실이 참 고맙기도 하다. 보내온 글들을 가만히 보면 친구에 관한 글이 많이 있다. 특히 나이 많을수록 친구가 있어야 한다는 것이다.

부모 팔아 친구 산다는 속담이 있다. 그만큼 인생을 살아가는데 친구가 있어야 하고 친구의 영향이 필요하다는 말이다. 그동안 살아오면서 친구가 무척 많았다. 학교 동창생들을 비롯해 사회에서 만난 이 친구 저 친구, 심지어 술친구까지 많이 사귀었다. 그런데 칠십이 넘어 가만히 보니 그 많던 친구가 간 곳이 없고 내 옆에 가까이 있는 친구는 몇 명 되지 않는 것 같다. 특히나 근래 코로나19로 인해 4년 가까운 세월 동안 모임이 없다 보니 만나는 기회가 없어 자연히 멀어진 사람이 많아 친구가 더 적어진 기분이다.

친구는 어떤 사람이 친구이고 얼마나 가깝게 지내야 친구인가. 친구란 항상 마음속에 두고, 친구가 하는 일들이 잘되도록 염려하고 도와주는 사람이다. 그런 사람 가운데서도 아무에게나 못 하는 말, 즉 흉금을 털어 놓을 수 있는 사람이 절실한 친구라고 할 수 있다. 친한 친구가 세 명만 있다면 인생을 성공한 사람이라 한다는데 그만큼 진실하게 사귈 수 있는 친구가 어렵다는 이야기다.

남녀가 잘 소통할 때 궁합이 맞는다고 말하는 것처럼 남자끼리도 처음부터 이상하게 마음이 가는 사람이 있다. 학교 동창 중에서도 그런 사람이 있고 작은 모임에서 만나는 사람 중에도 그런 사람이 있다. 대화도 서로 잘 통하고 대화를 하고 나서도 마음에 편안함을 느낀다. 그런 친구는 만나야 할 일도 자주 발생하고, 그래서 전화도 자주 하고 카톡으로도 소통하며 다른 친구들 보다는 조금이라도 더 가까이 지내다 보면 절실한 친구가 된다.

　친구 사이의 깊은 우정을 나타내는 고사성어로 '관포지교管鮑之交'가 있다. 옛날 중국에 관중과 포숙은 어릴적부터 친구이다. 전쟁터에서 관중이 세 번이나 도망을 갔으나 포숙은 늙으신 어머님 때문이라고 믿어 주었다. 같이 장사를 하여 이문을 분배할 때도 전혀 의심 없이 서로 믿었다. 그리고 벼슬자리도 천거해 준다. 이처럼 친구 사이에 신의 있고 다정하며 허물없는 우정을 뜻할 때 사용하는 고사성어이다. 이 외도 좋은 친구 사이를 나타내는 고사성어로 물과 고기 관계라는 뜻으로 '수어지교水漁之交', 서로 죽음도 대신하는 '문경지교刎頸之交', 지초와 난초의 사귐이란 뜻의 '지란지교芝蘭之交' 등이 있다.

　기원전 4세기경, 그리스의 사형장에서 사형을 당하게 된 피시아스라는 젊은이와 친구 다몬의 이야기가 있다. 피시아스는 사형을 당하게 되자 효자였던 그는 집으로 돌아가 부모님께 마지막 인사를 하게 해 달라고 간청한다. 그러나 왕王이 허락하지 않자 친구 다몬이 "폐하, 제가 그의 귀환을 보증하겠습니다."라고 하여 피시아스는 집으로 가고, 다몬이 감옥으로 들어간다. 교수형이 처하여지는 날 정오가 되어 다몬은 교수대로 끌려 나와 목에 밧줄이 걸렸다. 친척과 다른 사람들은 피시아스를 욕하며 울부짖었다. 그러자 다몬은 오히려 "내 친구를 욕하지 말라"며 의연하게 말했다. 사형을 집행하려는 순간 저 멀리서 말을 타고 급하게 달려오는 사람이 있었다. 바로 피시아스였다. 이들의 우정을 본 왕王은 외쳤다 "피시아스의 죄를 사면 하노라!" 그리고 아무도 듣지 않게 말했다 "나에게도 저런 친구 없나!"

임금님이 부러워한 저런 친구가 세상에 몇이나 있겠는가. 꼭 생명까지 바꾸는 친구가 아니라도 좋다. 한가한 시간에 문득 생각나는 친구, 전화라도 하면 반갑게 안부를 묻고 마음 통하는 이야기라도 나눌 친구가 있으면 된다. 생각하지도 않은 시간, 집 옆에 와서 전화로 불러내어 식탁 두 개밖에 없는 조그만 간이주점에서 삶은 오징어 초고추장에 찍어 소주 한잔할 친구가 있으면 참 좋다.

5월의 푸르른 나뭇잎도 가을이면 단풍으로 변해 낙엽 되어 떨어지고 화려한 꽃들도 시간이 지나면 시들어 사라진다. 이제 이 지구에 살아갈 날이 얼마나 될까. 날이 새면 건강이 어제와 같지 않다. 어쩌면 낙엽이 진 앙상한 가지만 남아있는 가을 나무와 같은 신세인가. 여기에 흰 눈이라도 내리는 날이면 ……

살아 온 나날이 즐겁고 화려했던 것도 친구가 있었기 때문이다. 친구와 더불어 같이 웃고 어울려 운동하고 여행도 같이 했던 날들보다 더 아름답고 행복한 시절이 있을까.

내가 먼저 좋은 친구가 되어야, 좋은 친구를 만날 수 있다. 이제 인생의 마지막 흰 눈이 내리기 전에 친구들에게 전화라도 하자. 시간 봐서 달려가 얼굴 마주 보며 옛날의 그 시절 아름다운 기억을 더듬으며 웃어보자. 일생 동안 친구가 있어 감사하다고 손이라도 꼭 잡아보자. 삶에 친구가 있다는 것은 역시 행복이다. (2022. 5. 4.)

둘만 낳아 잘 기르자

　둘만 낳아 잘 기르자. 청년들이 결혼도 하지 않고 아이도 낳지 않는 이 시대에 무슨 생뚱한 소리인가. 그러나 한때는 참으로 많이 듣던 구호이다. 경제적으로 무척 어려운 시대, 가난을 벗어나려고 몸부림치던 70년대에 산아제한産兒制限을 적극 권장했다. 인구의 증가를 막아 먹는 입을 줄이면 소비가 줄 것이라는 생각에서였다. "아들, 딸 구별 말고 둘만 낳아 잘 기르자"는 구호가 난무하였고, 셋을 낳는 사람은 원시인이라는 말도 했다. 산아제한을 위해 예비군 훈련장에서 임신절제수술 신청을 받았고, 신청을 하는 사람에겐 예비군 훈련을 면제해 주기도 했다. 그렇게 산아제한을 권장하던 70년대가 금세 지나갔다.

'인구절벽 시대'라는 말이 나왔다. 계속 증가해 나가야 할 인구가 더 이상 증가하지 않고 급격히 감소하는 현상을 말한다. 1970년대 초반에는 1년에 100만 명이 출생했다. 그러던 것이 2002년에 50만 명이 출생하고 20년 후인 2021년에는 26만 600명으로 반토막으로 줄어들었다. 2023년 올해의 고3 학생은 39만 8,271명으로 지난해 43만 1,118명에 비하여 3만 2,847명이 감소하였다. 당장 다음 해인 2024년은 유치원과 초등학교, 대학에 모두 인구감소의 타격이 직접으로 입게 될 것으로 전망한다. 학교뿐 아니라 군 병력 충당에도 어려움이 생기기 시작했다.

2023학년도 대입 정시 모집에서 전국 14개 대학의 26개 학과는 지원자가 한 명도 없었다. 올해 고3 학생 수는 39만 8,271명이고, 2024학년도 선발인원은 51만 884명으로 11만 2613명이 부족하다. 몇 년 후에는 전국 대학의 절반이 문을 닫는다는 말이 나온다. 군병력도 마찬가지이다. 2022년까지는 신병으로 입대할 인원이 21만 3000명으로 충당이 가능하나 2023년부터는 병력 부족 현상이 나타난다고 한다.

지난 12월 초, CNN방송도 우리나라 저출산 문제와 관련한 보도가 있었다. 이 보도에 따르면 한국은 지난 16년간 저출산 문제를 해결하기 위해 2000억 달러(약 260조원)를 투입했지만 출산율을 높이는 데는 성과가 없었다는 것이다. 또한 CNN은 높은 부동산 가격과 교육비 및 경제적 불안감 등이 젊은이들이 가정을 갖지 못하는 요인이 되고 있다고도 보도하였다.

통계청이 지난해 11월 16일 발표한 '2022년 사회조사 결과' 자료에 의하면 우리나라 국민의 절반 정도는 결혼을 하지 않아도 된다고 생각하는 것으로 나타나고 있다. 그중 남자는 56%가 결혼을 해야 한다고 답변한 반면, 여성의 경우는 44%만 결혼을 해야 하는 것으로 답변했다. 특히 미혼 남자의 경우 36.9%가 결혼을 해야 한다고 답변한 반면, 미혼 여성은 22.1%만이 결혼을 해야 한다고 답변하여 남,녀의 차이도 크게 벌어지고 있는 것으로 나타났다.

이렇게 젊은이들이 결혼에 대한 필요성을 느끼지 못하고 있는 이유로는 역시 결혼자금의 부족과 고용상태의 불안정 등 경제적인 문제를 들고 있다. 결국 경제적 어려움으로 인하여 결혼 기피 현상도 발생하고, 결혼을 해도 아이를 낳지 않아 출산율이 떨어지는 악순환이 반복된다고 할 것이다.

이렇다 보니 정치꾼들도 저출산 해결을 위한 묘책을 발표한 일도 있다. 지난 대선 때도 있었지만 모 인사는 결혼을 하면 신랑과 신부에게 각각 1억씩을 주고 아이를 한 명 낳으면 5천만 원을 준다고 말하기도 했다. 그러나 그렇게 돈을 준다고 결혼하고 아기를 낳아 문제가 해결될지는 의문이다. 문재인 정권이 들어서기 전까지 국가부채 550조 원이던 것이 그 정권이 끝나자 국가부채 1000조원을 넘어섰다. 나라의 금고는 생각지도 않고 퍼주겠다고만 하니 믿기지가 않는지 유권자들이 별로 호응하지 않는 것 같다.

새 정부 들어 대통령을 위원장으로 하는 "저출산고령사회위원회"의 부위원장으로, 중량감이 있는 4선의 나羅 모 의원이 임명되었다. 네 번의 국회의원을 하고 당의 원내대표를 역임한 관록이 있어서인지 정치를 처음 하는 대통령과 마찰이 있는 듯했다.

나 부위원장은 지난 1월 5일 신년 기자간담회에서 0.78%라는 낮은 출산율과 초고령사회 진입을 앞둔 우리나라의 '인구위기'를 과감히 해결하기 위해 신혼부부나 청년들에게 주택구입 자금이나 전세금 대출을 지원하고 대출 부분의 일정 부분을 탕감할 수 있는지 들여다보고 있다고 언급했다. 그러나

이 발언은 윤석열 정부의 정책 기조와 맞지 않는다고 하여 이를 계기로 나 부위원장이 해임되는 사태를 빚기도 했다.

  저출산 문제를 해결하기는 정말 쉽지 않다. 수백조의 돈을 퍼부은들 해결이 날 일이 아닌 것 같다. '둘만 낳아 잘 기르자'고 하던 그때가 그립다. 나라가 부강해지려면 사람이 많이 있어야 한다. 인구가 줄면 일을 할 사람이 없을 뿐 아니라 소비도 적으니 경제가 발전하기는 어려운 것이다.

  아무튼 국가에서 엄청난 돈과 역량을 기울이고 있으니 젊은 이들의 사고와 애로를 충분히 이해하여 청년들이 결혼을 하여 어려움 없이 아이를 낳아 기를 수 있는 좋은 해법을 찾아 이 땅에 희망의 나날이 펼쳐지기를 바란다.

말이 씨가 된다

 말 한마디로 천 냥 빚을 갚는다는 속담이 있다. 천 냥이라는 금액은 엄청난 큰돈이다. 그런데 그 많은 금액의 빚을 한마디 말로 탕감받는다? 말재주가 엄청 좋든지 돈을 빌려준 사람이 마음씨가 태평양처럼 넓어야 할 것이다. 그런데 그게 아니라, 입으로 하는 말의 위력이 엄청나다는 것을 알아듣기 쉽게 금액(돈)으로 잘 표현한 것이다.
 말은 상대에게 자신의 뜻을 전달하는 수단이다. 이성에게는 아름다운 사랑의 말을 전달하고 어린 자녀에게는 따뜻한 사랑의 말을 전달한다. 인간관계도 말로서 이루어지고 거래나 협상도 말로서 행한다. 교육이나 정치도 말로 하는 것으로 세상에 모든 일들은 말로서 이루어진다. 사람이 사람답게 사는 것도 말을 할 수 있기 때문이요, 인류가 이렇게 발전하게 된 원동력도 언어 덕분이다. 이처럼 말은 편리하고 유용하다.

  말을 하는 입은 얼굴 위에 있는 신체 기관 중 유일하게 하나가 있다. 눈도 둘이요, 귀도 둘이요, 숨을 쉬는 콧구멍도 둘이다. 그런데 입은 하나이다. 흔히 눈이 둘이요 귀가 둘인 것은 많이 보고 많이 들어라는 것이고, 입이 하나인 것은 말을 적게 하라는 뜻이라고 하는데 맞는 말인 듯도 하다. 한입에 두말하는 사람 때문에 시비가 일어나고 시끄러운데 만약 입이 두 개였다면 두 입이 네 말을 하여 세상이 얼마나 요란하고 복잡하겠는가.

  말은 사용하는 사람의 평소 습관과 마음 상태에 따라 말투가 달라진다. 좋은 말을 사용하다가도 마음이 언짢아 기분이 나빠지면 입에서 나오는 소리와 단어가 달라진다. 서로 의사를 소통하다가 기분이 나쁜 말을 듣거나 손해가 되는 말을 들으면 목청에서 된소리가 나오고 소리가 높아진다. 그리고 사용하는 단어도 보편적인 단어 대신 욕설이 튀어나온다.

  어떤 말이 좋은 말인가. 고운 목소리 부드러운 말씨, 수준 있는 어휘 등을 사용해야 좋은 말이 될 것이다. 그러나 그중에서도 공손하고 진실한 말이 아니면 좋은 말이 되지 못한다. 공손하게 사실을 정직하게 말해야 한다. 거만한 말투로 거짓으로 꾸며서 하는 말은 아무리 앵무새처럼 말을 잘한다 해도 좋은 말이 될 수가 없다.

진실하고 좋은 말을 사용하기가 쉬운 것이 아닌 것 같다. 말은 마음의 표현이기 때문에 좋은 마음을 가져야 좋은 말을 할 수 있다. 또한 행동도 말에 영향을 준다. 난폭한 행동은 말도 나쁘게 한다. 그러나 말씨 또한 마음이나 행동에 영향을 준다. 고운 말씨, 예의에 맞는 말씨를 사용하면 마음이나 행동도 바르고 아름다워질 수밖에 없다. 항상 말은 조심해서 사용해야 할 것이다.

말로써 죄를 짓는 경우도 많이 있다. 불교 경전에 몸[身]과 입[口]과 의식[意]으로 짓는 죄 중에 입으로 짓는 죄는 망어忘語, 기어綺語, 양설兩說, 악구惡口 이렇게 네 가지로 설명한다.

먼저 망어忘語는 망령된 말 즉 거짓말이다, 사실이 아닌 말로 남을 속이거나 해를 입히는 것이다. 기어綺語는 비단결같이 부드러운 말로 남을 속이는 것이다. 사기꾼은 듣는 사람의 귀가 솔깃하게 거짓된 말을 잘한다. 양설兩說은 두 가지 말로서 남을 이간질하는 것이다. 여기에서는 이 말을 하고, 저기에서는 저 말을 하여 불화가 발생하게 하는 것이다. 악구惡口는 악담으로 상처를 주는 말이다. 모진 말 거친 말로 남의 마음을 상하게 하는 것이다. 칼로 베인 상처보다는 세 치 혀끝으로 입은 마음에 상처가 더 아프고 오랫동안 지워지지 않는 법이다.

'말이 씨가 된다'는 속담이 있다. 말을 하면 그 말이 씨앗이 되어 말을 한 대로 결과가 이루어져 자신에게 되돌아온다는 것이다. 선한 말과 긍정적인 말을 하면 좋은 일이 생기고, 악한 말과, 부정적인 말을 하면 나쁜 일이 생긴다.

구화지문口禍之門. 입은 재앙과 불행을 불러들이는 문이라는 뜻이다. 말을 함부로 하지 마라. 잘못된 말은 불화를 일으킬 뿐 아니라 말하는 사람의 인격이다. 나쁜 말을 하면 듣는 사람의 마음에 상처를 주는 것뿐 아니라 나쁘게 말하는 자신도 내뱉은 말이 씨가 되어 불행하게 되는 것이 세상의 이치다.

(2022. 2. 13.)

너 자신을 알라

　너 자신을 알라! 우리가 잘 알고 있는 세계 4대 철학자 중의 한 사람인 『소크라테스』가 했다는 말이다. 이 유명한 말을 2019년 추석, 가황 나훈아가 '테스 형'이라는 제목으로 작곡을 하여 "너 자신을 알라며 툭 내뱉고 간 말을 내가 어찌 알겠소, 모르겠소 테스 형"하고 노래를 불렀다. 2,500년 전의 유명한 철학자 소크라테스를 형뇨으로 부르는 나훈아의 배짱과 기발한 착상이 놀랍기만 하다. 그런데 '너 자신을 알라'는 그 말 뜻을 '나훈아'는 모르겠다고 한다.
　소크라테스의 '너 자신을 알라!'는 이 유명한 말을 '나훈아'

가 "모르겠소"라고 한 것은 비단 '나훈아'만이 아니라 모든 철학자나 종교는 나 자신을 알기가 어렵다고 말한다. 특히나 불교에서 참나眞我를 아는 것이 깨달음이라 하여 참나를 깨닫기 위해 많은 수행을 한다.

참나를 알기 위해 수행은 못하더라도 가끔 자신을 성찰하는 것은 필요하다. 성찰의 사전적 의미는 '자신의 일을 반성하며 깊이 살핌'이라고 되어 있다. 나를 되돌아보는 시간이 없다면 성숙한 인성이나 완전한 인격을 갖추기 어렵다.

사람은 혼자 사는 것이 아니라 타인과 더불어 살아가는 것이다. 다른 사람과 어울려 살면서 더 좋게 살아가는 이치가 철학이다. 올바른 철학, 즉 인간관계를 이해하며 자신을 잘 살피고 반성하는 시간을 가지면 남을 이해할 수 있고, 남을 이해하면 다른 사람과 더불어 생활이 편하고 즐거워진다. 그러나 자신을 성찰하는 시간이 없는 사람은 세상의 모든 것이 꼭 남의 탓인 듯 생각하기가 쉽다. 직장에서 승진이 안 되는 것은 동료나 부장의 탓이요, 출퇴근 시간이 힘든 것은 세상 사람들의 탓인 듯이 생각한다. 남편 때문에 못 살겠고 자식 때문에 죽을 지경이라 생각한다. 남의 탓이라고 생각하면 마음이 항상 불만스러워 행복할 수 없다.

우리가 사는 사회생활이란 참으로 복잡다단하다. 複雜多端한 것은 심한 경쟁 때문이기도 하다. 아침에 눈을 떠서부터 저녁에 잠자리에 들 때까지 경쟁 속에서 살고 있다. 직장생활도 경쟁이요, 출퇴근도 경쟁이다. 삶 자체가 경쟁이다. 그런 치열한 경쟁 속에서 나라는 존재를 생각할 틈이 없다. 의식적으로 잠깐이라도 자신을 되돌아보는 시간을 가져야 한다.

논어에 나오는 일일삼성一日三省은 어릴적부터 알고 있는 글귀이다. 공자의 제자인 증자曾子는 마음이 흔들릴 때마다 자신의 마음을 돌이켜 진실한 마음인가, 믿음의 마음인가, 몸에 숙달되도록 익혔는가 하는 세 가지를 늘 반성했다고 한다. 증자曾子와 같이 하루에 세 번은 아니라도 한 번쯤은 자신을 살펴보아야 한다. 수행자처럼 시간을 내어 자리에 앉아 자신을 바라보는 것이 아니라 아무 곳에서나, 출퇴근 시에 버스나 지하철 자리에 앉아 가만히 자신의 마음을 바라보는 시간을 가져볼 수 있다. 자신을 조용히 음미할 때 우리의 영혼이 성장한다.

요즘 지하철에서 보면 모두 휴대폰에 정신이 빠져있다. 출퇴근 시간이라도 휴대폰에 마음을 쓰지 않으면 마음에 여유가 생긴다. 마음에 여유를 가지고 고독을 즐기다 보면 새삼스럽게 느껴지는 것도 있다. 부모님에게 마지막으로 전화를 드린

것이 언제인지, 아내나 가족에게 섭섭하게 한 일은 없는지, 직장 동료가 내게 고맙게 은혜를 베푼 일은 없는지, 바쁜 생활 속에 전혀 생각하지 못한 것을 느끼게 된다.

마음은 자신 속에 있다. 곧 마음은 내 자신이다. 마음은 수시로 변한다. 오죽하면 내 마음 나도 몰라라는 말이 있지 않은가. 변화무상한 마음을 가만히 붙잡아 보라. 성찰하는 시간이 아니더라도 조용한 명상을 하며 아무 생각 없이 생각에 빠져 보는 것도 좋다. 『보나파트르 나폴레옹』은 "다른 사람이 감히 생각지도 못할 때 내가 해야 할 일들을 슬며시 나에게 계시해 주는 것은 나의 천재성이 아니라 숙려와 명상이다"라고 했다.

자기 자신을 깨닫는다는 것이나 자기 자신을 다스린다는 것은 어려운 일이다. 사람은 스스로 자신을 지키려는 이기심이 있고, 그 이기심은 자신의 마음속에는 참되고 좋은 것만 들어 있다고 생각하기 때문이다. 누구나 자신을 바라볼 수 있는 거울을 자신의 내면에 가지고 있다. 그것이 양심이다. 하루 한 번은 자신을 양심의 거울에 비추어 보라. 너 자신을 알게 될 때까지 자신을 잘 가꾸어라. 법구경에는 '배 타는 사람은 배를 끌며, 목수는 나무를 다루고, 지혜로운 사람은 자기를 다룬다'고 했다.

세상사 원만하게 살아라

'모난 돌이 정 맞는다'는 속담이 있다. 필요 없이 한쪽으로 뾰족하게 튀어나온 돌이 있다면 망치를 든 사람이 그 부분을 깨기 마련이다. 반대로 둥글둥글하게 생긴 돌은 특별히 손볼 곳이 없어 망치나 정을 맞을 일이 없다. 이와 같이 사람도 너무 모나게 살면 다른 사람과 자주 부딪혀 불편한 일이 생길 수 있으니 모나지 않고 원만하게 살라는 교훈이다.

성격이 모가 난다는 것은 너무 자신의 생각을 강하게 주장하거나 자신의 마음을 드러내 고집하는 유별난 성격을 말한다. 적당하게 좋은 것 나쁜 것을 잘 가려가며 둥글둥글하게 살면 다른 사람과 부딪히는 일이 적지만 성격이 거칠고 모가 나면 다른 사람과 충돌이 자주 발생한다. 심하면 비난의 대상이요, 인격장애도 올 수 있다.

세상을 원만하게 사는 것이 좋다. 원만하게 사는 처세의 하나는 내 의견을 어떻게 표출하느냐이다. 내가 생각하는 것이 절대적으로 정당하거나 최상일 수 없다. 또 좋은 의견이라도 목표에 부합하지 않을 수도 있다. 자신의 생각이 비록 가장 바른 생각일지라도 다른 사람의 의견도 좋을 수 있으니 다른 사람의 주장도 들을 줄 알아야 한다. 한번 꺼낸 의견을 끝까지 고집하면 좋은 의견이 오히려 고집으로 변하여 비난을 받을 수 있다.

내 마음을 들어 내놓고 살 필요는 없다. 내 마음을 숨기고 맞지 않는 것을 인정하라는 의미가 아니라, 내 생각이 다른 사람의 생각과 다르면 잠깐 뒤로 물러나 있어도 될 것을 끝까지 내 의견을 옳다고 주장해서는 안 된다는 것이다. 다른 사람의 생각이 내 생각과 같지 않다고 일일이 간섭하고 부정하면 경계 대상이 된다. 사리에 어긋나지 않고 맞는 말을 해도 흉이 되고 허물이 되는 것이 세상이다.

사람들은 보통 남을 쉽게 이해하지 않는다. 사람들이 이해심이 많은 것 같아도 그렇지 않다. 남의 말을 대수롭지 않게 듣거나 자기의 편의에 따라 듣기 때문이다. 상대가 이해해 주겠거니 하고 자신의 힘든 처지를 말했다가 도움은 커녕 오히려 흉이 되어 돌아오는 일도 있다.

정말 가까운 친구는 '흉금을 털어놓을 수 있는 친구'이다. 그런데 흉금을 털어놓을 수 있는 친한 친구를 가지기가 어렵다. 그래서 친한 친구 세 사람만 있어도 성공한 사람이라는 말도 있다. 그만큼 내 마음을 이해해 줄 사람이 없다는 이야기이다. 오랫동안 만나는 친구라고 내 마음을 다 이해하는 친구로 생각해선 안 된다. 친구가 어떻게 생각하는지는 아랑곳하지 않고 불평과 불만을 함부로 말하면 모가 난 친구로 인식 받기 마련이다.

너무 맑은 물에는 물고기가 살기 어렵다는 속담이 있다. 사람도 너무 흠이 없이 반듯하면 그 사람을 대하기가 어렵다. 나무랄 데 없이 지나치게 완벽한 사람이 있다면 그런 사람은 자기 본위로 사는 사람일 수가 있다. 자기 본위로 사는 사람은 다른 사람과 어울리기가 쉽지 않다. 사람은 좋은 사람일지 몰라도 좋은 친구로 사귀기에는 적합한 사람이 아닐 수 있다. 생각에 여유가 있고 가끔 농담 섞인 말도 할 줄 아는 마음이 넉넉한 사람이 남의 사정도 생각할 줄 알고 이해도 하는 인간미가 있는 사람이다.

세상을 원만하게 살려고 노력하라. 원만하다고 우유부단한 것이 아니다. 자신의 주관은 뚜렷이 하되, 되지 않는 의견을 끝까지 고집하지 말라는 것이다. 끝까지 고집해도 결론이 뜻대로 되지 않을 때는 잠시 물러나 관망하는 자세가 필요하다.

자신이 그렇게 똑똑한 사람이 아닐 수도 있다. 좋은 의견은 표출하되 다른 사람의 의견과 부딪치면 뒤로 물러나는 것은 기술이다. 물러난다고 해서 바보로 생각할 사람은 없다. 한 발 뒤로 물러나는 것은 오히려 다른 사람으로부터 인정을 받고 다른 사람과 부담 없는 인간관계를 맺어가는 지름길이 된다. 원만하게 사는 것, 좋은 인간관계를 맺는 기술이요 자신도 평화롭게 살아가는 지혜이다.

입은 닫고 지갑은 열어라

　사람은 나잇값을 해야 한다. 나이에 무슨 가격이 있을까마는 나이가 든 만큼 나이에 걸맞은 말과 행동을 해야 한다는 뜻이다. 나이 칠십을 넘어서니 말과 행동이 젊을 때와는 달라지는 것을 많이 느낀다. 왠지 말이 60대처럼 거침없이 잘 나오지 않고 더듬거려지며 행동도 어설프다는 것을 스스로 느낀다. 두뇌도 많이 나빠지는지 기억이 잘 나지 않는 일이 자주 발생하고, 알고 있는 사람의 이름을 말하려면 갑자기 생각이 나지 않을 때도 있다.
　이렇게 말이나 행동이 어눌해지다 보니 젊은 사람들에게 좋은 느낌을 주지 못하는 것이 당연할 것이다. 젊은이들이 싫어하는데도 불구하고 싫어하는 것을 알아차리지 못하고 싫어하는 말이나 행동이 계속되면 나잇값 이야기가 나오게 되는 것이다. 그 어른은 나잇값을 못 한다고.

나이 많으면 신경을 써야 할 것이 많다. 제일 먼저 외모이다. 젊음은 그 자체가 멋이고 아름답다. 그러나 나이를 먹으면 자연 얼굴에 주름이 지고 머리카락이 빠져 추하고 보기에 좋지 않다. 얼굴에 난 검버섯은 요즘처럼 흔한 피부과에 가서 손을 봐 없애고 누구 앞에 나서지 않더라도 머리카락은 단정히 해야 한다.

옛날이야기는 가급적 하지 않는 게 좋다. 특히 "왕년에 나 때는 말이야"라는 말을 자주 하면 「꼰대 라떼」라는 말만 듣게 된다. 왕년에 누구 한가닥 해보지 않은 사람 아무도 없다. 그리고 듣는 사람은 지나간 이야기에 흥미가 없다. 세상이 얼마나 빠르게 변하는가. 지난 이야기는 젊은 사람들에게는 케케묵은 이야길 수도 있고, 지금 눈앞에서 일어나는 일도 감당하기 힘든 형편에 지나간 이야기는 더욱 관심이 없다.

아는 척하지 않아야 한다. 나이 많아 아는 척 떠들어 봐야 그 사람의 특별한 전문 지식이 아니라면 대체로 남들도 다 아는 이야기이다. 대충 들은 이야기나 한번 겪은 이야기를 혼자만 아는 것처럼 말하는 것도 남에게 좋지 않은 느낌을 준다. 너무 심하면 다른 사람으로부터 냉소와 무시를 당할 수도 있다.

『루소』는 이렇게 말했다. "조금 밖에 모르는 인간이 수다스럽게 떠들어대는 것이다. 지식이 많은 사람은 잠자코 있는 법이다. 조잡한 인간은 자기가 알고 있는 것은 무엇이든 소중하다고 생각한다. 그리하여 그것을 아무에게나 말하고 싶어 한다. 그러나 참으로 알고 있는 사람은 그 지식을 타인에게 말하기 곤란하다는 사실을 잘 알고 있다, 그리고 나중에 더 많은 것을 이야기할 수 있음을 잘 알기에 잠자코 있을 뿐이다."라고.

모임에서 유독 혼자서 말을 많이 하거나 큰 소리로 좌중을 압도하려 하면 안 된다. 소리는 크지만 들어 보면 내용이 없는 경우도 있다. 국내여행 계획을 할 때면 강원도에서 서울을 돌아 제주도까지 혼자 떠들고는, 정작 가는 날 본인은 참석치 않고 빠지는 웃기는 일도 있다. 모임에서 논의하는 의제에 대한 필요한 의견을 제시하는 사람은 입을 다문 채 묵묵히 입을 닫고 있는 사람이다. 한참 큰 소리로 말하는 내용들을 조용히 들어 보고는 의제에 합당한 내용을 말하면 그 말이 결론이 되는 경우를 많이 본다.

자식 자랑을 삼가해야 한다. 요즘 젊은이들은 사는 것도 팍팍하고 직장 가지기도 힘 든다. 자기 자식이야 능력이 있어 자랑거리지만 듣는 사람은 불편할 수 있다. 인생이란 어차피 세상에서 각자의 역할을 하며 사는 것이다. 잘생긴 돌만 있어 담장이 쌓아지는 것이 아니다. 잘생긴 돌도 있어야 하고 모난 돌, 작은 돌도 있어야 담장이 쌓아지듯 인생살이도 각자의 역할일 뿐 세상 떠나는 날 웃는 사람이 누구일 줄 아무도 모른다.

돈 많은 척하지 말아야 한다. 재벌은 신문이나 방송에 나와 세상 사람이 다 알고 있다. 재벌만큼 돈이 많은데도 불구하고 방송에 나오지 않아 억울하면 돈 자랑을 해도 그렇지 않으면 돈 자랑은 하지 않아야 한다. 듣는 사람도 젊은 시절 모두 열심히 일한 사람들이다. 그 집안에 금송아지가 있을 수도 있다. 호주머니 속 지갑을 꺼내는 일은 없는데 돈이 많은 것처럼 자랑하면 가치가 없어진다.

입은 닫고 지갑은 열라는 말이 있다. 어른 대접을 받는데 적절한 말인 듯하다. 후배를 만나거나 친구를 만나 대화하는 자리에서는 상대의 말을 들어 주는 것이 어른답다. 침묵은 무지無知가 아니라 무게이다. 연륜의 무게이고 인생의 무게이다. 입을 닫고 무게를 잡고 있다가 간혹 질문이 있으면 오랜 인생의 경험과 지식으로 명쾌한 답을 해주면 노인의 품위가 훨씬 있어 보인다. 거기에다 그 자리에서 먹은 식대나 주대는 먼저 지갑을 열어 계산하면 나잇값을 하는 어른이 틀림없을 것 같다. 어른은 어른다워야 어른이다.

내 마음 나도 몰라

마음은 어디에 있나? 갑자기 물어보면 얼른 대답이 나오지 않는다. 머리에 있는 것 같기도 하고 가슴에 있는 것도 같다. 아니 머리와 가슴을 옮겨 다니는 것 같기도 하다. 그런데 마음은 머리에도 없고 가슴에도 없다. 머리에 있으면 머리를 수술할 때 보일 것이고 가슴에 있으면 가슴을 수술할 때 보일 것인데 머리와 가슴을 수술한 사람은 많으나 마음을 보았다는 의사는 없다.

마음의 사전적 의미는 '지성이나 생각, 기억 따위가 깃들이거나 생겨나는 곳'으로 되어 있다. 생겨나는 곳? 그럼 머리(뇌)

인가? 그런데 다들 내 마음이라고 말할 때는 가슴을 가리킨다. 아리송하다. 마음의 또 다른 표현은 '지智, 정情, 의意 의 움직임을 통틀어 묶은 말이자 그것들이 움직이는 근원을 일컫는 것'이다. 어떻든 마음은 지식과 정신과 의식이 동시에 일으키는 현상이라고 말할 수 있다.

마음의 모양을 '마음씨'라고 한다. 보이지 않는 마음이지만 그것을 사용할 때 나타나는 현상이다. 좋게 쓰면 예쁜 마음씨가 되고, 좋지 않게 쓰면 미운 마음씨가 된다. 남에게 친절하고 선하게 쓰는 착한 마음씨, 어려운 사람에게 봉사하고 도움을 주는 사랑의 마음씨가 있다. 때로는 임금님 같이 엄한 마음씨, 엄마와 같은 부드러운 마음씨도 있다. 이렇게 좋은 마음씨가 있는가 하면 놀부와 같이 심술스런 마음씨, 콩쥐 팥쥐의 어머니 같은 악한 마음씨도 있다.

마음씨를 어떻게 쓰느냐에 따라 그 결과가 사람의 마음속에 희노애락으로 나타난다. 즐겁거나 괴로운 것은 마음씨를 뿌린 결과가 다시 내 마음에 담기기 때문이다. 착한 마음씨를 쓰면 내 마음에 기쁨이 담겨 즐겁고, 나쁜 마음씨를 쓰면 내 마음에 괴로움이 쌓여 내가 괴롭다.

마음은 변화가 엄청 심하다. 마음의 변화는 자신도 모르게 연속적으로 일어난다. 누구를 만나기 위해 카페에 들어가면 만나는 이유부터 시작하여 보이는 것, 들리는 것에 따라 수없는 마음의 물결이 일어난다. 그리고 그 변화의 속도는 빛보다 빨라 한 시간 동안 억만 번도 더 변한다고 한다, 금방 먹은 마음이 어느새 수없는 파장으로 과거의 마음이 되어 또 다른 마음으로 변해버렸으니 '내 마음 나도 몰라'라는 말이 괜한 말은 아니다.

선종禪宗의 6대 조사 혜능은 일자무식으로 방앗간에서 방아만 찧던 말단 수행자이다. 5대 조사 홍인대사로 부터 6대 조사로 인가를 받자 시기하여 죽이려는 자가 많아 산중으로 피신을 했다, 15년 만에 산에서 내려오니 절 밖에 걸린 깃발이 나부끼는 것을 보고 스님들이 논쟁을 하고 있었다. "깃발이 나부낀다" 아니야 "바람이 나부낀다" 이걸 본 혜능스님이 "움직이는 것은 바람도 아니고 깃발도 아니다. 오직 그대들의 마음이 움직인다"라고 말했다.

움직이는 것은 바람도 아니고 깃발도 아닌 오직 그것을 보는 그대의 마음이다라는 말은 세상의 모든 현상은 마음의 작용에 따라 일어난다는 뜻이다. 우리가 흔히 말하는 일체유심조一切維心造이다. 원효대사가 잠결에 목이 말라 그렇게 달콤하게 마신 물이 날이 밝은 아침에 보니 해골바가지 속에 고인 물인 것을 알고 왈칵 토하고 나서 깨달은 일체유심조!

마음속에 쌓여있는 마음씨의 결과물들을 다 비우고 나면 마음은 안과 밖이 없다고 한다. 텅빈 허공이 본래 마음이라는 것이다. 좋은 마음씨의 결과물, 나쁜 마음씨의 결과물을 완전히 비운 마음은 좋고 나쁜 것도 없고 옳고 그른 것 없어 허공과 같이 고요하다는 것이다.

마음이 괴롭다는 것은 텅하니 비어있어야 할 마음에 스스로 만든 괴로운 마음씨의 결과물들이 가득 차 있어서이다. 괴로움을 없애려면 마음속에 쌓여있는 나쁜 마음씨의 결과물들을 완전히 비워야 한다. 가방 속에 돌을 가득 채워 메면 어깨가 아프지만, 돌을 다 꺼낸 빈 가방은 더 이상 어깨가 아픈 고통을 주지 않는다.

보이지 않고 만질 수도 없는 마음이지만 마음의 변화와 마음의 작용에 따라 희노애락과 길흉화복을 결정하는 것, 마음씨를 착하고 곱게 뿌리면 마음 작용에 의해 일어나는 아름다운 현상으로 인해 일상은 늘 행복하다. (2022. 7. 17)

돈 벌기가 쉬운 일인가

　사무실에서 내려다 보이는 건너편 점포에서 새로 리모델링 공사를 하고 있다. 저 점포는 음식점을 개업하여 6개월도 채우지 못하고 문을 닫은 곳이다. 새롭게 인테리어를 하는 점포를 보면 남의 일 같지 않다. 개업을 해서 몇 개월이나 버틸지 궁금하고 걱정된다. 돈을 벌려고 창업을 했다가 장사가 되지 않아 접게 되면 적지 않은 금액의 돈을 손해 보는 것이 뻔한 일이다.
　이곳 서면은 부산의 중심지이다. 한때는 부산의 상권이 이곳에 집중되어 있었던 시절도 있었다. 그러나 부산의 변두리 지역인 광안리, 해운대, 기장 등의 확장과 발달로 서면의 상권이 많이 상실되어 소상공인인 음식점업은 옛날만큼의 업황을 누리지 못하고 있다.

옛날 한때 서면의 뒷골목에서 음식점만 해도 돈을 많이 버는 부자였다. 그러나 지금은 옛날에 비하면 장사가 잘되지 않는다. 그럼에도 자영업 중에는 음식점이 개업하기 가장 쉬운 업종이라 많은 퇴직자들이 새로운 사업으로 음식업을 선택해 사업을 시작한다. 하지만 경험과 기술의 부족으로 영업이 쉽지 않아 몇 개월 버티지 못하고 문을 닫는 것을 자주 볼 수 있다.

모든 사업이 다 마찬가지지만 돈을 벌기 위해서는 먼저 돈을 벌 수 있는 준비가 되어 있어야 한다. 음식점을 경영할 사람이라면 우선 자신이 판매할 음식을 맛있게 만들 수 있는 솜씨가 있어야 한다. 음식은 배를 채우는 목적만은 아니다. 맛으로도 즐기기도 한다. 한 가지라도 제대로 된 맛을 내는 음식을 만들어야 하는 것이 첫째 요건이다. 요즘처럼 SNS를 통하여 이름난 맛집들이 다 나와 있고, 사람들은 휴대폰을 들고 맛집을 찾아가는 현실에서 음식 맛을 차별성 있게 확실하게 내지 않고서야 돈을 벌기가 쉽지 않다.

식당 밥은 살이 찌지 않는다는 말이 있다. 그것은 음식을 만드는 사람의 정성 때문인 듯하다. 가정에서 주부가 음식을 준비할 때는 가족을 생각하고, 가족의 건강을 생각하여 온갖 정성을 다 들인다. 그러면 그 음식에 기氣가 축적되어 음식이 보약이 되는 것이다. 마찬가지로 식당에서도 주인이 돈만 생각할 것이 아니라 음식을 만들 때 마음속으로 '내가 만든 이 음식을 먹는 고객은 부디 건강하여 하는 일들이 잘 성취되소서' 하고 정성을 다해 기원해야 한다. 그리고 손님을 맞을 때는 내 가족이 온다고 생각해야 한다. 그런 마음가짐으로 손님을 맞이하면 '어서 오시라'는 말 중에도 따뜻함이 배어 있어 손님은 진정으로 친절함을 느낀다. 그러면 손님은 문전성시를 이룰 것이다.

사람의 입맛이란 예민하다. 고객은 식사하는 중에 음식을 먹기만 하는 것이 아니라 머릿속 신경이 음식 맛을 계산하고 있다. 이 집 음식 맛은 몇 점짜리인가? 그리고 계산하려고 계산대로 갈 때는 꼭 금액이 얼마인가만 생각하는 것이 아니다. 먹은 음식이 입맛에 맞아 감동을 주었다면 다음에 가족이나 동료와 같이 와야겠다고 하는 생각을 한다. 그렇게 되면 그 음식점은 성공이다. 다음에 동료나 친구와 같이 오면 또 같이 왔던 사람이 다른 사람과 동반해 오고 하여 그 식장은 대박을 이

루게 되는 것이다

어떤 비즈니스에도 친절이 첫째이지만 음식점도 친절을 빼놓을 수 없다. 음식점의 서비스는 '어서 오십시오'라는 인사부터, 그 사람이 집에 도착할 때까지 이어진다는 말이 있다. 행여 집에 가는 도중에 무슨 사고라도 나면 괜히 그 음식점과 연관시켜 생각하는 경우도 있고, 또 음식을 먹은 후 배탈이라도 나면 음식점에 문제가 될 수도 있는 것이다. 그래서 '유대인'은 '서비스하기 힘든 음식점은 하지 말라'는 속담이 있다고 한다.

또 음식점은 식사 후에 하는 서비스(애프터서비스After Service)는 필요 없는 업종이다. 손님이 오면 안내부터 시작하여 음식을 먹는 중에도 불편이 없도록 도움을 주어야 한다. 종업원을 부르면 즉시 대답을 해야 하고, 추가로 음식을 주문하면 밝은 얼굴로 음식을 내어 주어야 한다. 종업원을 두 번 세 번 부르면 겨우 대답을 하고, 추가 주문 음식도 불만인 듯한 표정으로 내어다 주어서는 안 된다. 음식을 먹는 도중 손님의 기분을 언짢게 해 놓고, 계산할 때 '식사 맛있게 드셨냐?'고 '다음에 또 오시라'고 친절하게 말해도 손님의 마음은 이미 떠난 뒤라 아무 의미가 없다.

음식점은 영업하기에 힘든 업종이기도 하지만 운이 없으면 안 된다. 최근의 일이지만 생각지도 못한 코로나19와 같은 전염병이 발생하면 돈을 버는 것은 고사하고 영업을 계속 버티기도 힘들다. 또 옛날의 일이지만 오리불고기 장사를 하려던 사람이 사업을 시작하자마자 조류독감이 발생하여 오리나 닭을 먹는 사람이 없어 어렵게 시작한 장사를 실패로 끝을 맺었던 일도 있었다.

  돈 벌기가 쉬운 일인가. 코로나19를 겪고 난 후에 음식점을 찾는 고객들의 성향이 많이 바뀌었다고들 한다. 그래서인지 규모가 크고 이름난 음식점은 사람이 붐비는 반면` 일반 중소식당에는 손님이 뜸한 편이다. 약자일수록 힘든 세상이다. 그러나 세상만사 무엇이든 하기 나름이다. 제대로 맛이 나는 음식을 정성 들여 만들어, 내 가족을 대하듯 친절하고 따뜻하게 대하면 그런 집에 왜 손님이 오지 않겠는가. (2022. 7. 20.)

사주팔자! 사람 만나기

　사람이 이 세상에 살아가는 모양이 다 다르다. 태어날 때는 누구나 똑같이 빈손으로 태어났다. 그러나 인생길에는 별의별 모습으로 살아간다. 금수저니 흙수저니 하고 따지지만 그건 어찌 보면 또 다른 문제다. 같은 조건임에도 어떤 사람은 출세를 하여 명성을 날리고, 어떤 사람은 사업을 하여 돈을 많이 벌어 부자로 산다. 반대로 어떤 사람은 힘들게 노력은 몇 배를 더 해도 항상 가난하게 살고 어떤 사람은 하는 일마다 실패를 하여 어렵게 지낸다. 이렇게 사람마다 다르게 사는 것을 한마디로 사주팔자라고 한다.

사주팔자! 사전적으로 '타고난 운명'을 의미한다. 똑같이 빈손으로 태어난 사람의 운명이 어떻게 사람마다 다른가. 살다 보면 자신의 타고난 운명이 궁금하거나 삶이 불안해질 때, 한 번쯤은 철학관을 찾아 사주를 보기도 한다. 사주四柱는 태어난 생년, 생월, 생일, 생시, 네 가지를 말한다. 이 사주를 가지고 동서고금을 통하여 사람의 타고난 운명을 점을 쳤다.

사주를 보는 곳을 철학관이라고 부른다. 철학이라 하면 먼저 떠오르는 것이 소크라테스, 괴테, 니체 등 철학자의 이름이다. 철학이라 말의 의미는 '인간과 세계에 대한 근본원리와 삶의 본질 따위를 연구하는 학문'이며, 또 다른 표현은 '사람이 사람과 더불어 좀 더 나은 사람으로 살아가는 이치를 연구하는 학문'이다. 철학이라는 학문은 동서고금을 통하여 수많은 사람들에 의해 계속되어 온 학문인데 운수나 궁합을 보고, 택일이나 작명하는 곳을 철학관이라고 부르는 것은 조금은 과하다는 생각이다. 사주라 하면 미신이라는 생각을 떠올리게 되니 듣기에 좋게 철학관이라 부르게 된 것이 아닌가 생각된다.

사주팔자! 어렵고 궁금한 '타고난 운명'은 무엇으로 결정되는가. 철학관에서는 태어난 연,월,일,시라는 사주四柱에 천간과 지지라는 네 글자를 더해 팔자八字로 운명을 해석한다. 이렇게 복잡한 운명 감정을 떠나 쉽게 생각해 보면, 사주팔자는 결국 '사람 만나기'로 결정되는 것 같다. 어떤 사람을 어떻게 만나느냐에 따라 그 사람의 운명이 다르게 결정되는 것이다.

사람 만나기는 첫째가 어떤 분을 부모로 만나느냐가 운명에 가장 크게 작용한다. 부모의 만남 이외에도 학교에서 선생님을 어떤 분을 만나는가. 친구, 회사 사장님 등등 어떤 사람을 어떻게 만나는가에 따라 좋은 사람을 만나면 삶이 좋아질 수 있지만, 반대로 잘못된 사람을 만나면 인생이 나빠지는 경우도 흔히 있다.

나의 아내가 사주팔자가 좋게 되려면 내가 아내에게 잘해주어야 하고, 내 딸의 사주팔자가 좋으려면 사위가 딸을 행복하게 해주어야 한다. 반대로 나 자신이나 사위의 사주팔자도 내 아내와 딸이 하기 나름대로 결정지어진다. 아내가 내조를 잘하고 적은 돈이라도 아끼고 절약하며, 남편과 자식을 위해 사랑하고 노력하면 남편도 마음 편히 힘과 용기를 가지고 사회생활을 열심히 하여 가정이 부흥하고 행복할 것이다. 그러면 가족 전체가 행복해 사주팔자가 좋아지는 것이다.

사회생활을 하는 중에는 학연, 지연, 혈연이라는 세 가지 인연을 쉽게 경험 하게 된다. 그리고 이 세 가지 인연은 가장 쉽게 좋은 인간관계 형성할 수 있다. 공직사회나 직장에서 고향 사람, 출신학교가 가장 먼저 머리에 떠오른다. 그리고 공직에서 고향 선배를 상사로 만나 승진에 큰 도움을 받는 경우가 있고, 기업에서 선배가 같은 대학 출신이라 인사에 많은 혜택을 받는 경우도 허다히 있다.

사람 관계가 비단 학연, 지연, 혈연이 아니라도 나에게 도움이 되는 좋은 사람을 만나야 할 것이다. 그런데 좋은 사람을 만나려면 어떻게 해야 하는가. 짧지 않은 인생을 사는 동안 삶을 바르게 사는 것이다. 청소년기에는 품행이 방정해야 하고 부모님의 말씀을 잘 들어야 한다. 부모님의 말씀을 100 프로 잘 들은 사람은 살면서 필히 좋은 사람을 만나게 된다. 중년까지는 정직하고 성실한 삶을 살아야 한다. 정직하고 성실한 삶은 자신의 보물을 저축하는 것이다. 장년 이후에는 '나'가 주어가 아닌 '너'가 주어가 되도록 살려고 노력해야 한다. 나이 많아 너무 고집스럽거나 자기 것만 챙기면 볼품 사납고 추하다. 남을 먼저 생각하고, 상대방의 입장에서 이해하려 노력해야 한다. 그러면 욕심 없는 마음으로 자리이타自利利他를 실천할 수 있다. 자리이타의 실천은 물질로만 이루는 것이 아니다. 마음도 있고 행동도 있다. 자리이타가 실천되면 덕德을 갖춘 삶이 되어 더 좋은 사람과 만나는 통로가 된다.

'채근담'에 심덕승명心德勝命이라는 고사성어가 있다. '마음에 덕을 쌓으면 운명을 바꿀 수 있다'라는 의미이다. 좋은 사람을 만나려면 내가 좋은 사람이 되어야 한다. 좋은 사람들과 만나는 그 자체가 행복이요, 사주팔자가 좋아 행운의 삶을 살아가게 되는 것이다. (2022. 7. 25)

떨어진 은행잎에 대한 소회

 11월의 하순 늦은 가을, 노란 은행잎이 길 위에 널려 있다. 노란색 카펫을 깔아 놓은 듯 보도 위를 덮었다. 차렷 자세를 한 장병처럼 의젓하게 도롯가에 일렬로 늘어 서 있는 은행나무가 노란색 크레파스로 칠을 한 것처럼 진하게 단풍이 물들더니 이제 땅 위로 모든 잎을 뿌려 놓은 것이다. 짙은 이 가을을 견디기가 어려운 모양이다.
 은행나무는 여름 한 철은 다른 나무에 비하여 초록색 나뭇잎이 유난히 파란 색깔이다. 은행잎은 벌레가 침범할 수 없어 더욱 그렇다. 나무 또한 다른 나무에 비하여 줄기가 보기 싫게 굽었거나 나뭇가지가 함부로 자라 나온 것 없이 모양이 훤칠하게 잘 생겼다. 늠름하고 우뚝한 키에 검푸르듯 짙은 초록색 잎을 휘둘러 감고 서 있는 모습은 잘생긴 청년의 모습과도 같다.

푸른빛이 뚝뚝 떨어지며 파란 잎이 춤추던 지난 7월 여름은 이 은행나무도 청춘이다. 싱싱한 젊음을 뽐내며 삶에 생기가 넘쳤다. 온갖 새들도 날아와 노래한다. 이슬비도 맞고 실바람이 스쳐 가는가 하면 소나기도 맞고 태풍도 나뭇가지로 맞서야 했다. 세월이 흘러 가을로 접어들어 기온도 내려가고 수분도 부족해지면 어쩔 수 없이 그렇게도 파랗던 잎들은 노란 단풍으로 물들어야만 하는 것이다.

사람도 청춘, 그때가 제일이다. 우선 젊음 자체가 깨끗하고 예뻐서 보기가 좋다. 기상은 항상 하늘을 나르고 꿈은 푸르기만 하다. 매사 정열적이고 생기가 넘치며 활동적이다. 많은 친구들을 사귀며 명랑하고 즐거운 세월이다. 이러한 순간도 흐르는 세월에는 어쩔 수 없다. 젊은 시절, 엊그제였다.

사람에게 가을의 시작은 언제일까. 직장에서 정년퇴직을 맞을 때쯤이 아닐까 싶다. 열심히 일하며 승진의 기쁨도 만끽하고 많은 동료와 어울려 지내다가 때가 되면 직장을 물러나야 한다. 예순의 고개를 넘으면서 이때부터 인생에 제2막이 시작되는 것이다. 회갑回甲이라는 문턱을 넘으면 활동도 줄어들고 몸에 힘도 줄어든다. 근력이 약해져 몸에 힘이 줄어드는 것뿐 아니라 경제적 힘도 약해진다. 매일 만나던 친구도 없어지고 그렇게 어울려 술 마시던 친구도 자주 만나지 못하다가 세월이 좀 더 흐르면 흔적조차 없어진다. 70이 넘으면 생각나는 친구가 있어도 전화하기가 쉽지 않다. 전화를 받는 친구 역시 신통찮다. 자신의 건강도 생각하고 아내의 눈치도 봐야 한다.

보도에 깔린 노란 은행잎을 쓸어 모으고 있다. 노랗게 단풍이 든 황금빛 은행나무는 누구에게나 황홀한 기분을 안겨 주었다. 그러나 땅 위에 떨어진 은행잎을 좋아하는 사람은 없다. 아무 생각 없이 무참히 짓밟고 지나간다. 밟히어 이파리가 갈가리 찢겨지기 전에 청소부의 비질에 쓸리어 사라진다. 황금빛으로 찬란하게 빛나던 은행잎은 자취가 없다. 앙상한 가지만이 헐벗은 사람처럼 초라하게 차가운 겨울을 맞는 것이다.

젊은 시절 높은 지위에서 폼을 잡고 권력에 도취되어 살던 사람도 권력에서 물러나면 환호하며 따르던 수많은 사람은 흔적이 없다. 그것이 세월이다. 나이 먹어 병들면 뼈마디는 삭정이요 몸은 가랑잎처럼 가볍다. 청소부의 손에 쓸려간 은행잎이나 인생의 끝자락에 세월을 붙잡고 살아가는 노인은 똑같은 생의 과정이다.

이 세상에 영원한 것은 없다. 이것은 진리 중의 진리이다. 생명이 있는 모든 것은 언젠가는 그 생명이 끝난다. 식물도 동물도 마찬가지이다. 생의 종점에 찬란하게 빛나는 것은 없다. 푸른 시절 아무리 예쁜 양귀비꽃도 질 때는 추한 법이고 젊은 시절 아무리 잘생긴 사람도 늙어지면 추해진다. 그것은 정해진 생의 과정이다.

낙엽이 되어 사라진 은행잎은 이 땅의 흙으로 돌아가 살아 있는 식물의 자양분이 될 것이다. 그리고 은행나무는 뿌리와 줄기가 상하지 않고 튼튼하면 또 따뜻한 새봄의 인연을 만나 새로운 잎이 생겨날 것이다. 사람도 목숨이 다하면 흙으로 돌아간다. 그러나 이 지구에는 또 다른 사람의 씨앗을 뿌려 놓아 세상을 이루어 살아간다.

사라진 생명은 어쩌면 끝이 아니라 시작일 수도 있다. 은행 잎이 새봄을 만나 다시 피어나듯 지구상에서 잠깐 사라졌던 사람도 또 다른 인연으로 세상에 태어날 것이다. 그리고 지구라는 무대 위에서 인간이라는 배우로 살아갈 것이다. 어떤 배역을 맡을 것인가. 그것은 스스로 이생에 사는 동안 자신이 심은 씨앗대로 받을 것이다. 선근善根을 심었으면 아름다운 배역을 받을 것이고, 착하고 바른 씨앗을 심지 못했다면 힘들게 살아가는 인생으로 태어날 것이다. 선인선과善因善果요, 악인악과惡因惡果라는 진리를 벗어나기 어려울 것이다. 꿈처럼 지나버린 수많은 세월, 어디에 어떤 씨앗들을 심었을까. 마지막 떨어진 은행잎을 보며 생각한다. (2022. 11. 15.)

제3부

諸行無常
제 행 무 상

우주만물은 변하지 않는 것이 없다

사랑 찾아 인생을 찾아

아주 옛날, 결혼은 부모의 결정에 의해 이루어졌다. 자녀가 결혼의 적령기가 되면 혼처를 구하고, 양가 부모의 뜻이 맞으면 결혼을 시켰다. 정작 결혼할 처녀와 총각은 얼굴도 보지 않은 채 결혼식을 올리는 경우도 흔했다. 그래도 많은 자식을 낳고 검은 머리가 파뿌리가 될 때까지 오랫동안 함께 잘 살았다. 어찌 불만이 전혀 없겠는가. 그럴 때는 부모님을 생각해 참고 또 억지로라도 서로 이해하고 존경하며 사랑의 열매를 맺은 것이다.

요즘 시대는 옛날에 비해 사랑이 훨씬 자유로워졌다. 이성

관계도 쉽게 이루어지고 개방되었다. 결혼 상대도 중매보다 연애를 선호하며, 자신이 선택한 상대를 부모님께 소개한다. 소개하는 것이 결혼 통보인 셈이다. 부모는 자식이 데리고 온 사람이 마음에 들지 않아도 반대하지 못하는 시대가 되었다. 그런데 사랑이 자유로워진 만큼 이혼도 많아졌다. 면面 단위 시골의 이혼율이 50%라는 신문 보도를 보았다. 결혼하는 사람의 절반이 다시 헤어진다는 것이다.

젊은이들이 중매결혼 보다 연애를 선호하는 이유는 자신의 이상형과 살겠다는 것이다. 자신이 좋아하는 스타일은 이런 사람이라고 정해 놓고 그런 사람을 찾는다. 그러나 그런 사람은 현실에서 찾기가 어렵다. 또 자신이 생각하는 이상형이라 착각하고 결혼을 해 봤자 결과는 실망이다. 결혼을 해 가정을 꾸미고 살아보면 결혼 전 생각했던 이상과 많이 다르기 마련이다. 자신의 이상형과 만난다는 것은 극히 드문 일이요, 만약 생각했던 사람과 만난다면 그건 행운이다.

결혼 전 상대를 충분히 알고 이해할 수 있는 관계라고 생각해도 결혼하여 살다 보면 가정생활이란 것이 생각했던 것과 같지 않다. 우선 자라온 양쪽 집안의 습관이 다르다. 어머니가 해주신 입에 젖은 음식 맛이 다르고, 말투나 행동양식이 틀린다. 또한 결혼 적령기까지 각자가 자유롭게 살아온 생활방식도 다르다. 이러한 차이를 잘 조율하지 못하면 사소한 일에 의사가 맞지 않아 충돌이 발생하고, 부딪치는 일이 자주 있다 보면 불화가 생긴다. 이때 서로는 '성격차이'라고 규정하고 이해하려는 생각을 하지 않는다. 이해가 없는 부부관계는 지속될 수가 없다. 이래서 이혼율이 높은 것이다.

 인생을 살아가는 데 있어 가장 중요한 것은 사랑이다. 인생에 사랑 빼면 남는 것이 무엇인가. 사람을 웃게 하는 것도 사랑이요, 인생이 울고 가는 것도 사랑이다. 그런데 사랑 찾아 인생을 찾아 헤매어도 진실한 사랑을 찾기가 어렵고 쉬운 인생이 없다.

 사랑할 수 있는 이성은 아무렇게나 만나는 것이 아니고, 자기 고집대로 만나지는 것도 아니다. 나비가 수많은 꽃 중 하나에 앉는 것처럼 만나야 할 사람이 정해져 있다. 처음 만나도 서로가 어디에서 만난 일이 있는 것 같은 좋은 기분에 왠지 대화나 감정의 소통이 잘 이루어지며, 헤어진 뒤에도 여운이 남아 또 만나고 싶은 마음이 생겨야 한다. 이것이 무엇인가 하고 느낌이 올 때 사랑이 시작되는 것이다. 그것이 인연이다. 풋사랑도 이렇게 작은 인연이라도 있어야 만나진다.

그런데 결혼할 대상자는 따로 정해져 있다. 모래알처럼 많은 사람 중 남녀가 서로 만나 부부가 되는 것은 본인의 의지보다는 인연이다. 그 인연은 아버지 어머니가 부부로 짝지어져 내가 태어나듯, 나를 통해 세상 밖으로 나올 생명을 위해, 가장 인연이 절실한 사람을 배우자로 만나는 것이다. 그것이 하늘이 정해 준 배우자, 즉 천생배필天生配匹이다.

천생배필天生配匹로 만나도 좋은 가정을 꾸미기 위해서는 부부가 서로 노력을 하여야 한다. 부부는 서로 다른 색의 물감과 같다. 각기 다른 색깔의 물감을 어떻게 혼합하느냐에 따라 새로 만들어지는 물감의 색깔이 달라진다. 각자의 말이나 행동이 자신이 생각하는 것이 다르더라도 서로가 이해하고 배려하여 조화롭게 조정하면 아름다운 색깔이 창조된다. 그러나 서로 다른 생각이나 관습을 나에게 억지로 맞추려 하면 불화가 생긴다. 아름다운 색깔을 창조할 수 있는 책임은 상대에게 있는 것이 아니라 오직 자신에게 달려있다는 것을 명심해야 한다.

부부가 되어 자식을 낳은 뒤에는 어떤 일이 있어도 이혼은 피해야 한다. 부부는 일심동체一心同體라는 옛말이 있듯이 부부는 한 몸이다. 하나의 몸인 부부가 갈라서는 것은 마치 건강한 신체의 일부를 잘라내어 불구가 되는 것과 같은 것이다. 하늘이 내려 준 자식까지 낳은 후 이혼을 하면 남은 인생을 행복하게 살기는 어렵다. 가슴에 시린 상처는 덮을 수 없고 이혼이라는 두 글자는 평생 목에 걸고 다녀야 하는 주홍 글씨이다.

사랑에도 기술이 필요하다. 사랑의 기술은 첫째가 이해와 양보이다. 부부 중 누구 한 사람이라도 이해하고 양보하면 잠깐의 다툼은 칼로 물을 베듯 언제 그랬냐는 듯이 흔적이 없다. 그래서 "부부간에 다툼이란 칼로 물 베기"란 옛말이 명언名言 중의 명언이다. 어찌 성인과 같은 마음만 있어 그것이 쉬우랴마는 참고 이해하며 세월이 흐르면 모든 어려움도 다 지나가고 옛날을 생각하며 웃는 날이 온다. 세상에 노력 없이 이루어지는 일이 있던가? 사랑도 노력 없이 이루어지는 것이 아니다. 사랑과 행복을 창조하는 주인공은 바로 자신이다. (2022. 4. 20.)

덕을 베푸는 사람

덕불고필유린德不孤必有隣. 덕이 있는 사람은 외롭지 않다. 반드시 이웃이 함께하기 때문이다. 덕이 있는 사람은 다른 사람들로부터 존경을 받아 좋은 인간관계를 형성할 뿐 아니라 복을 받아 생활이 윤택하다.

덕德은 도덕적인 품성과 남에게 베푸는 행위에서 비롯된다. 물질적으로 베풀어야 하고 넓은 아량으로 베풀어야 한다. 도덕적인 성품을 갖추고 남에게 베푸는 것은 결코 쉽지 않다. 이는 좋은 성품과 바른 습관을 통하여 형성되고 몸에 익어 덕성이 되는 것이다.

덕성德性이란 도덕을 갖춘 바른 성질, 즉 도덕심을 일컫는다. 올바른 마음 바탕에서, 청렴결백하면서도 너그럽고, 어질면서도 결단력이 있으며, 총명하면서도 깐깐하지 않고, 강직하면서도 바른 것만 고집하지 않는 도량이 있어야 한다.

「벤저민 프랭크린」은 덕의 요소로 다음의 열세 가지를 열거했다. 절제, 침묵, 규율, 결단, 검약, 근면, 성실, 공정, 중용, 청결, 평정, 순결, 겸양이 그것이다. 말이 열세 가지이지 그것으로 덕성을 이루는 길은 무척 어려운 것이다. 오로지 자신의 땀과 괴로움이 씨앗이 되어 이루어야 하기 때문이다.

"덕을 아는 것만으로는 충분하지 않다. 우리는 그것을 가지기 위해, 그리고 그것을 이용하기 위해, 또는 우리를 선하게 만들어 줄 어떤 방법을 연구하기 위해 애쓰지 않으면 안 된다." 아리스토텔레스의 말이다.

사실 덕德이 무엇이냐고 물으면 쉽게 답하지 못한다. 또 덕이 무엇인지 알 수 있어도 아는 것만으로는 부족하다. 자신의 내면으로는 도덕성을 부지런히 닦아야 하고 밖으로는 바른 행동과 마음으로 베풀어야 한다.

사회적으로 높은 지위에 있는 사람에게 도덕적 의무를 뜻하는 말이 '노블레스 오블리주'이다. 이는 로마 시대에 왕과 귀족들의 투철한 도덕의식과 솔선수범하는 공공정신에서 비롯된 말이다. 로마의 귀족들은 기부 헌납과 공공 봉사는 물론이요, 전장戰場에도 자발적으로 참여하여 많은 사람이 죽었다. 로마가 오랫동안 발전할 수 있었던 것은 이와 같이 귀족의 많은 희생이 있었기 때문인데 귀족들이 그만큼 덕성이 잘 갖추어져 있었다는 것이다.

잘 알려진 경주 최부자집은 10대에 걸쳐 진사進士로 지내고 12대에 걸쳐 만석군의 부자였다. 이렇게 오랜 세월 훌륭한 가문으로 유지하기 위하여 첫째, 과거를 보되 진사 이상의 벼슬은 하지 말 것. 둘째, 만석 이상의 재산은 사회에 환원할 것. 셋째, 흉년에는 땅을 늘리지 말것. 넷째, 과객過客은 후하게 대접할 것. 다섯째, 주변 백 리 안에 굶는 사람을 없앨 것. 여섯째, 며느리는 시집온 후 3년 동안은 무명옷을 입을 것. 이렇게 여섯 가지의 규율을 잘 지켰기 때문이라고 한다. 추수하여 소작료로 받은 곡식이 만석이 넘으면 곡식을 소작농에게 도로 돌려주었으니 소작농들은 최부자가 땅을 더 사기를 바랬다고 한다. 가문의 가훈家訓 자체가 '노블리스 오블리주'이고 덕을 남에게 잘 베푸는 원천이라 할 수 있다.

덕을 베풀고 나면 좋은 결과가 따라오기 마련이다. 덕은 힘을 정복하고 정의를 지배하는 것도 덕이다. 지위의 높고 낮음을 불문하고 어떤 지위에 있든지 겸손한 자세로 덕을 베푼다면 존경받지 못할 것이 없다. 덕행은 아름다운 행위일 뿐만 아니라 영혼까지 맑게 하기 때문이다.

덕행을 실천하는 사람은 본인은 물론이거니와 그 사람의 자식들도 복을 받는 것을 볼 수 있다. 덕행은 사람을 사람 이상으로 높여주는 힘을 갖는다. 반대로 악행은 사람을 비참하게 만드는 엄청난 결과를 보여준다. 바른 도덕심으로 덕성을 키우고 이웃과 사회에 덕행을 실천하면 복을 받고 그 가문도 번창한다.

노자는 말했다.

"현명한 사람은 도덕을 들으면 부지런히 행한다. 보통 사람은 도덕을 들었으나 기억하는 듯, 잊어버린 듯 살아간다. 어리석은 사람은 도덕을 들으면 크게 웃는다." 되씹어 볼 말인 듯하다.

대통령은 하늘의 뜻

 윤석열대통령 취임식이 있는 날이다. 10일 0시에 보신각에서 타종이 있었고, 대통령은 0시에 국방부 지하 벙커에서 합동참모부장으로부터 보고를 받는 것으로 업무를 시작한다고 한다. 아침에는 국립묘지에 참배하고 취임식장에 도착하여 취임식을 한다. 취임식장으로 가는 새까만 차량 행렬이 보기에도 근사하다. 맨 앞에는 하얀 오토바이 대열이 에스코드를 하고, 앞뒤로 새까만 경호 차량이 독수리의 날개처럼 펼치며 달린다.
 저 장면을 보며, 지금 이 순간 가장 기뻐할 사람은 누구일까?

하고 생각해 봤다. 대통령 본인도 기쁘겠지만, 아버지의 입장에서 생각해 보면 지금 이 순간 기분이 좋은 사람은 대통령보다는 대통령의 아버지가 아닐까 싶다. 물론 어머니께서도 마찬가지겠지만 말이다. 살아생전에 내 아들이 장성하여 한 나라의 대통령이 되어 앞뒤로 호위를 받으며 텅 빈 거리를 달리고 있는 모습을 보는 그 부모의 기쁨을 무슨 말로 표현하겠는가. 자식이 희망하는 대학 시험에만 붙어도 어깨가 가벼워지고 웃음이 절로 나오는데.

'임금은 하늘이 내린다'는 옛말이 있다. 그런데 오늘날 대통령도 하늘이 내리는 것일까? 지금 대통령이 된 윤석열은 혹시 저 차 안에서 대통령의 실감을 느끼지 못하는 것은 아닌가 하는 생각이 든다. 검사檢事로 재직시에나 검찰총장에 임명될 때까지 내가 대통령이 된다는 것을 생각이나 했을까. 생각을 했다면 법무부장관, 아니면 국회의원 쯤이 아니었을까? 그런데 검사로써 수사업무에 충실하던 사람이 갑자기 대통령이 되어 차량의 호위를 받으며 달리고 있으니 웬만한 사람이면 너무 엄청난 변화에 실감이 나지 않을 것도 같다.

윤석열은 사법시험에 아홉 번 도전 끝에 합격한 늦깎이라고 한다. 공직에 늦게 임용이 되면 동기들이 나이로 따지면 전부

동생뻘이다. 늦은 공직 생활에서 동료 간 술좌석에서 술값은 독차지로 잘 내고 인간관계가 좋았다고 한다.

윤석열이 널리 알려진 것은 2016년, 검찰 수뇌부의 반대를 무릅쓰고 국가정보원을 수사하여 박근혜 정부와 충돌, 징계를 받고 대구고검으로 좌천되면서다, 그때 "나는 사람에게 충성하지 않는다."고 했던 말이 유명하다. 그리고 박근혜대통령 탄핵사건 특검팀에 참여하여 수사를 하다가 2017.5.9. 문재인 정부 출범 이후, 정권의 신임을 얻어 빠르게 승진하며 중앙지검장을 거쳐 2019.7.25. 검찰총장의 자리에 앉았다.

윤석열이 검찰총장에 취임하는 날 저녁, 지인과 같이 저녁을 먹는 자리에서다. 동석했든 일행이 나에게 "형님! 윤석열이 검찰총장이 되면 어찌 되겠습니까?" 하고 물었다. 그 말의 의미는 윤석열검사가 적폐 청산이라는 이유로 전 정권의 수많은 공직자를 구속시켰는데, 검찰총장이 되면 더 많은 사람을 수사할 것 아닌가 생각해서 하는 말이다. 그래서 내 대답이 "그의 관상을 보니, 상관이 시킨다고 무작정 따르는 사람은 아닐 꺼다."라고 했던 것이 기억난다.

내가 한 말은 적중하기 시작했다. 2019.8.9. 청와대 민정수석으로 있던 조국曺國을 법무부장관으로 지명하면서 소위 '조국사태'가 일어났다. 조국이 지명을 받자 언론과 야당에서 조국의 부정 사실을 터뜨리고 시민단체에서 검찰에 고발하였다. 이런 상황이 되면 대통령의 임명을 받은 검찰총장은 어떻게든 사건을 잘 다스려 덮어야 한다. 그런데 반대로 윤석열은 조국 장관의 청문회를 하는 날 조국의 비리에 대한 수사를 개시하여 압수수색을 실시했다. 즉 살아있는 권력에 칼을 들이댄 것이다.

이때부터 윤석열은 대통령을 비롯한 여당과 여당 지지자들을 상대로 전쟁?이 시작 되었다. 여당 국회의원들은 일제히 윤석열을 공격하고, 검찰청 옆에는 조국 지지자들 수천 명이 모여 검찰의 조국 수사를 규탄하는 집회를 했다. '내가 조국이다'라는 이해하기 힘든 문구의 깃발을 들고 밤중까지 함성을 지르며 데모를 했다. 어느 한 사람을 수사한다는 이유로 많은 인원이 모여 규탄 집회를 하는 것은 처음 보는 일이다.

조국은 수사가 진행 중임에도 확실한 결과가 나오지 않았다는 이유로 장관에 임명되었다. 그러나 수사 결과 아들과 딸의 입학을 위해 허위 경력증명서, 가짜 상장 등을 컴퓨터로 만들어 딸은 고등학교부터 대학원까지 시험 한번 치지 않고 입학을 한 것이 밝혀져 할 수 없이 짧은 기간 장관직을 마감하였다.

그 후 정권은 법무부장관에 추미애를 임명하였는데 추 장관은 검찰총장을 몰아내기 위하여 별별 모욕을 다 주었다. 임명되자마자 검찰총장과 아무런 협의 없이 조국 수사를 담당했던 검사 전부를 제주, 부산 등으로 좌천 발령하고, 검찰총장은 수사에 관여할 수 없도록 수사권을 제한했다. 그리고 검찰총장이 자기의 명령을 듣지 않는다고 호통을 치기도 했다. 그러나 국민들은 오히려 정권으로부터 모욕과 탄압을 받으면서도 묵묵하게 부정한 정권에 맞서 대항하는 검찰총장을 동정하기 시작했다.

온갖 압박을 하던 추 장관은 국민의 원성으로 물러나고, 박범계가 법무부장관으로 임명되었으나 박 장관 역시 검찰총장을 박해했다. 이런 경우 보통 사람은 사표를 써서 던지고 말 것을 윤석열은 정권에 고개를 숙이지 않고 묵묵히 버티어 나갔다. 이때부터 국민들은 가만히 있는 윤석열을 차기 대통령 후보 대열에 올려 지지하기 시작했다. 윤석열은 정권의 온갖 탄압에 하는 수 없이 임기를 채우지 못하고 결국 2021.3.4. 사표를 제출하였다.

2021년 3월에 사표를 낸 윤석열은 2021.6.29. 대통령선거에 출마를 선언하고 2021.11.5. 야당의 대선후보로 선출되었고, 2022.3.9. 선거 결과 제20대 대통령선거에서 당선이 되어 2022.5.10. 대통령에 취임을 하는 것이다.

  검찰총장직이라는 공직을 떠난 지 1년 만에 대통령이 되었으니 본인은 대통령이라는 실감을 하지 못할 것만 같고, 아들이 갑자기 대통령이 되는 모습을 바라보는 아버지의 기쁨은 말로써 형언하기 어렵지 싶다. 이러한 일련의 일들은 하늘의 뜻이 아니고서야 인력으로 할 수가 있는 일이겠는가. 임금뿐 아니라 대통령도 하늘의 뜻임이 분명하다. 부디 국민이 평안하고 나라가 부강하도록 이끌어 나아가기를 진심으로 기원한다.

(2022.5.10)

멋이 있는 사람

　사람은 누구나 멋을 추구한다. 그래서 자신의 외모나 행동에 신경을 쓴다. 우선 외모가 멋이 있고 싶어 여성들은 성형도 하고 화장도 하며 값비싼 옷이나 악세사리로 몸치장을 한다. 남자도 멋을 추구하는 사람은 머리부터 발끝까지 세심하게 신경을 쓴다. 머리도 이름난 미용실을 찾아가고 와이셔츠 하나도 신경 써서 골라 입는다.
　'멋'이라는 단어는 자체가 명확한 개념을 담고 있지 않은 것처럼 보인다. 규모가 큰 건축물도 멋있다고 하고, 잘 써진 글씨도 멋있는 글씨라 하며, 나무, 짐승, 예술품 등 온갖 것에

'멋'이라는 단어를 붙인다. 또 사람은 때와 장소와 역할에 따라 '멋'이라는 말을 가져다 붙인다. 멋있는 정치인, 멋있는 군인, 멋있는 배우, 대중 앞에서 멋있게 연설하는 사람, 여자 앞에서 당당하고 멋있는 남자 등 무한하게 '멋' 자를 붙이는 데가 많다.

'멋'이라는 단어 속에는 '무엇'이라는 의미를 담고 있는 것 같다. 도둑놈만 잡는 강직하기만 한 경찰관이라고 생각을 했던 사람이 뜻밖에 대중 앞에서『베토벤』의 '바이올린 소나타 5번 봄'을 근사하게 연주하면 갑자기 멋이 있게 보인다. 겉보기에는 무뚝뚝하게 생긴 사람이 어느 자리에서 시를 잘 낭송하면 멋있게 보인다. 즉, 겉모습과는 다르게 내면에 알 수 없는 '무엇'을 지녔을 때, 그 사람은 진정한 멋을 갖춘 것이다.

멋은 먼저 눈에 띄는 외모부터 행동, 그리고 내면에서 풍기는 멋이 있고, 사람의 연령에 따라 그 연령에 맞는 멋이 있다. 외모도 사람의 취향에 따라 멋의 평가가 다르고, 내면의 멋도 구분하기에 따라 멋의 종류가 많이 있다. 그러나 보편적으로 멋을 구분하면 외모는 체력이고 내적인 면은 정신력, 사회적인 면은 재력, 추상적인 면은 매력이라고 할 수 있다.

첫 번째 아무래도 외모가 멋이 있어야 한다. 잘생긴 얼굴, 뽀

얀 피부, 훤칠한 키가 눈에 잘 띌 것이다. 그러나 가장 중요한 외모의 멋은 체력이다. 건강한 몸, 튼튼한 체력이 받쳐주지 않으면 멋이 있을 수 없다. 남자는 어깨가 떡 벌어지고 하체가 딴딴하여 걸음걸이가 힘차야 하고, 여자도 탄탄한 몸매에 가슴이 나오고 엉덩이가 튼실해야 멋이 있다. 체력이 약하고 체격이 좋지 않다면 아무리 값비싼 옷을 입어도 멋이 살아나지 않는다.

두 번째 멋은 바른 정신력이다. 정신상태가 명확하지 않고 흐리멍텅하다면 멋을 느낄 수 없다. 때와 장소를 구분하지 못하고 말도 함부로 하며, 불평과 불만만 내 쏟아서는 멋이 없다. 바른 생각과 긍정적이고 진취적인 사고를 가지고 자신감이 넘쳐 있을 때 멋있게 보이고 남으로부터 신뢰를 얻는다.

세 번째는 재력 있어야 한다. 재력이 있으려면 바른 직업이 있어야 한다. 직업은 그 사람의 신분을 나타내기도 한다. 직업은 곧 재력이요, 신분은 권력일 수가 있다. 남자나 여자나 지갑에 돈이 없으면 힘이 나지 않는다. 엄청난 부자는 아니더라도 약간의 재력이 있어 필요할 때 흔쾌히 지갑을 여는 사람이 멋이 있다. 그리고 사회적으로 힘이 있는 직업(권력)을 가지고 당당한 행동을 보이면 멋이 있어 보인다.

네 번째는 매력이 있어야 멋이 있다. 다른 사람의 마음을 은근히 끄는 것이 매력이다. 매력적인 사람은 모든 것이 뛰어나지 않는데도 눈길이 가고 마음이 간다. 반대로 잘 생기고 돈도 많아도 매력이 없으면 마음이 가지 않는다. 잘난척하지 않은데도 불구하고 매력이 있으면 멋이 있다.

이상은 멋이 있어 보이는 보편적인 경우이다. 그러나 딱히 한가지는 덕德을 갖춘 사람이 멋이 있다. 덕이란 밝고, 옳으며, 착하고, 빛나고, 아름답고, 따뜻하며 부드러운 마음씨나 행동을 의미한다. 이런 것을 다 갖춘 사람이 있겠냐마는 많은 독서와 깊은 삶의 성찰을 통해 교양이 높아지고 식견이 넓어진 사람은 도량度量*이 커지고 덕도 깊어진다.

세상 사람들의 대화는 대체로 돈, 이성과 같은 세속적인 것으로 너무 메마르다. 거기에 비하여 덕을 갖춘 사람은 세상을 넓게 보고 남의 생각을 이해하며 대화를 한다. 먹고 사는 문제에 대한 관념으로만 사는 것이 아니라 다른 사람과 더불어 살아간다는 넓은 마음과 따뜻한 마음을 가진 인격이 향기로운 덕을 갖춘 그런 사람이 멋이 있다.

*도량 : 너그러운 마음과 깊은 생각

부전마켓 부르스

 전통시장은 서민의 치열한 삶의 터전이다. 부산에는 유명한 전통시장 두 곳이 있다. 1945년 광복 이후부터 생긴 역사와 전통에 빛나는 '국제시장'과 서면에 위치하여 최고의 규모에 엄청난 물량을 소비하는 '부전시장'이다.
 '부전시장'은 6개의 번영회로 이루어진 한강 이남 제일의 전통시장이다. 근래 전통시장 살리기 취지에 따라 점포의 간판을 통일되게 만들어 달고, 지저분한 통로도 깨끗이 정비하고 천정은 가림막을 설치했다. 시장 이름도 '부전마켓'으로 현대적 감각에 맞게 바꾸어 새롭게 단장을 했다.

부전시장은 전통 시장답게 온갖 상품들이 거래되고 있으나 그중 농산물과 수산물이 제일 많이 거래된다. 양파, 쪽파, 대파가 종류별로 점포에 무더기로 쌓여있다. 무, 배추, 당근, 감자, 없는게 없다. 오이, 호박, 가지도 다 준비되어 있다. 농산물 중 하나라도 빠진 것이 없는 듯하다. 수산물도 마찬가지이다. 멸치, 갈치, 조기도 있고 대구도 있다. 명태, 오징어, 꼴뚜기도 있다. 모두 싱싱한 물건들이 가득하다. 마른 건어물 상회도 여러 군데다.

삶의 활력을 느끼려면 시장통에 가 보란 말이 있다. 부전시장은 새벽 네시면 문을 연다. 네시에 점포의 문을 열려면 세시에는 잠에서 깨어 집을 나서야 한다. 남들이 다 잠들어 있을 시간에 시장으로 나와 그때부터 산지에서 온 상품을 받아 그 물건들을 소매상에게 넘긴다. 골목에는 좋은 상품을 싸게 구입하러 온 소매상들의 작은 화물차가 즐비하게 늘어 서 있다. 물건을 판매하고 배달하려면 리어커를 끌고 뛰어야 하니, 점프 위에 앞치마를 두른 아주머니는 추운 날씨에도 이마에서 뜨거운 땀이 흐른다. 오로지 지금 이 시간은 물건을 거래하는 이외는 생각할 것이 없다. 스트레스니 우울증이니 다 편하고 수월한 사람들이 하는 소리이다.

초읍에 사는 최씨 아저씨는 대파와 마늘을 도매한다. 새벽 네시에 점포에 도착하여 농촌에서 밤새워 화물차로 싣고 온 대파와 마늘을 받아 소매상에게 판매한다. 고정 거래처인 소매상들은 가까운 거리에서 온 사람도 있지만 부산 근교에서 화물차로 물건을 받으려고 온 사람들이다. 그들도 남들이 자고 있는 새벽에 좋은 상품을 받기 위해 어둠을 헤치고 부전시장으로 왔다. 최씨 아저씨는 소매상에게 물건을 다 넘기고 점심때가 되면 오늘 일과는 끝이 난다. 점심과 곁들여 술 한잔! 어둠을 여는 새벽은 힘들어도 차떼기 상품을 온전하게 판매한 만족감과 살며시 오르는 취기에 기분은 재벌財閥이다.

부전시장 인접에 '부전역'이 위치 해 있다. 1932년에 서면 간이역으로 출발하여 지금은 ITX-새마을, 무궁화호, 광역철도가 정차하는 교통의 요지이다. 부전역은 동해선의 주요 노선이어서, 일광, 송정, 기장 등지에서 부전시장으로 물건을 팔러 오는 사람, 물건을 사려고 오는 사람들이 많이 있다.

일광에 사는 봉순 아지매는 길거리에서 커피를 판다. 새벽 네 시에 문을 여는 부전시장에 오려면 새벽 두 시에 일어나야 한다. 오늘 판매할 커피 재료를 준비하고 시간에 맞춰 동해선 기차를 탄다. 아침 일찍 일어나 시장에 나온 사람들은 길커피

한잔으로 잠을 깨운다. 한낮에는 이 상점 저 상점으로 배달하기에 발에 땀이 난다. 노변 길거리에서 파는 길커피의 달콤한 설탕 맛에 상인들은 바쁜 일상 속 피로를 잠시 잊는다. 아지매는 오후 네 시가 되어서야 하루의 영업을 마친다. 남들은 생각도 하지 못하는 이른 새벽에 하루를 시작하지만 오늘도 남모르는 적지 않은 돈을 헤아리면서 새벽에 타고 왔던 동해선에 몸을 싣고 행복한 마음으로 집으로 향한다.

송정에서 오는 석이 할매는 상추와 부추를 조금씩 보따리에 싸 들고 기차를 타고 온다. 그것도 꼬부라진 허리에 비하면 무거워 보인다. 새벽에 오는 것도 아니고 매일 나오는 것도 아니다. 몸이 좀 성한 날, 텃밭에 있는 상추와 부추가 큰 잎이 나면 그 잎을 뜯어 와 지하철 부전역 앞 길가에 노점을 펴고 앉는다. 저거 다 팔리면 2만 원이나 될까? 3만 원? 남들은 우스운 돈 2만 원이지만 한 달에 열 번을 오면 돈이 20만 원, 할매는 가슴이 뿌듯하다. 20여만 원이 쌈지 안에 들어있으면 아침에 일어나 병원에도 가고, 손주가 오더라도 주머니를 열 때 손이 가볍다.

부전시장 주변에서 노는(?) 사람은 대부분 70대이다. 부전시장을 중심으로 위치 해 있는 콜라텍에 출입하는 하루 고객이 3,000여 명, 콜라텍에서 부르스, 지루박, 탱고 리듬에 맞춰 빙글빙글 돌아가는 고객의 7, 80%가 70대이다. 그러니 자연히 부전시장 주변에 70대 나이의 분들이 눈에 많이 띄게 되는 것이다. 콜라텍은 그분들의 한낮 문화센터요 스포츠센터이다.

  동이 트기 전 새벽 네 시부터 활기가 넘치는 부전마켓, 수많은 상인들이 물건을 팔기 위해 열심히 뛰는 것을 보면 삶의 활력이 절로 느껴진다. 몸은 고단하지만 부전시장에는 열정이 있고 희망이 있고 행복도 있다, 누구든 삶이 무료하고 답답하면 이른 새벽에 부전시장으로 나와 보라. 스스로 삶의 에너지가 생겨날 것이다. 새벽이 아니어도 부전시장에 오면 치열한 삶의 활기를 느낄 수 있을 것이다. 아니면 콜라텍에서 부르스 한 곡조를 땡겨도. (2022.08.23.)

열심히 살다 가자

　삶은 고통스럽다는 것이 기독교나 불교의 공통된 인생관이다. 기독교에서는 인생을 죄와 사망의 길이라고 말하고, 불교에서는 사람이 사는 세상은 괴로움의 바다, 즉 고해苦海이고 사바세계요, 감인堪忍의 세계라고 한다. 감인의 세계란 참고 살아야 하는 세상이란 뜻이다.

　오늘 오후에 친구가 자살했다는 전화 연락을 받았다. 갑자기 뒤통수를 얻어맞은 듯했다. 그 친구는 작은 법인의 대표이사로, 아침에 출근해 회사를 관리하며 고액의 월급 받는 사람이었다. 평소에 하는 언행으로 봐도 명랑하여 스스로 목숨을 끊을 것이라는 생각을 할 수가 없는 사람이다.

　이제 칠순도 중간을 넘었으니 인생의 황혼길에 접어들었다. 이 세상을 살아도 살날이 그렇게 많이 남아있지 않다. 무슨 말 못할 아픈 사연이 있었기에 그 나이에 그런 극단적인 결정을 내리게 되었을까? 지금도 믿기지 않은 친구의 죽음이 안타깝기만 하다.

　인생의 길에는 즐거움뿐만 아니라 괴로운 일도 많다. 괴로운 일이 전혀 없이 산 사람은 아무도 없을 것이다. 그러나 살면서 일어나는 괴로움은 마음먹고 노력하면 대부분 해결이 된다. 내 힘으로 해결이 되고, 또 다른 사람의 도움으로 해결이 된다. 해결될 때까지 필요한 것은 괴로움을 이겨내려는 의지와 해결될 것이라는 믿음, 그리고 인내이다.

　이 세상은 「인생 학교」와 같다. 부모님의 뱃속에서 태어나 걸음마를 시작하여 바로 걸을 수 있을 때까지 만 번은 넘어져야 한다. 그것처럼 인생이 태어나서 이 세상을 떠나는 날까지 삶에는 수많은 어려움이 따르고 시행착오를 겪는다. 커가는 도중에도 많은 고생을 하고, 어른이 된 뒤에도 현재 계획하는 일들이 잘 풀리지 않아 어려움을 겪기도 한다. 또 가족인 남편이나 아내, 자식이 속을 썩여 괴로운 경우도 있다. 그러나 그러한 온갖 어려움을 몸소 체험하면서 배우고, 또 이겨내려고 노력하면서 마음이 넓어지고 깊어진다. 즉 마음공부가 되어 폭넓은 인간이 되어 가는 것이다.

인생의 발자취를 뒤돌아보면 이미 작성된 각본에 짜여진 대로 살아 온 것 같은 생각이 들 때가 있다. 그때는 왜 그런 결정을 했던가. 그 사람은 어쩌다 만났을까. 왜 그런 일이 내게 닥쳤을까. 지금의 생각으로는 누군가 정해 논 각본이 아니고는 있을 수 없는 일들이 많이 있다. 다른 사람들이 사는 것을 봐도 그렇다. 저 사람이 왜 저렇게 사는가 싶은데도 그 사람은 연극의 각본대로 역할을 맡아 울고 웃으며 지내는 것 같기도 하다. 그래서 유명한 영국의 극작가 '셰익스피어'는 "지구는 무대요, 인생은 연극이라" 했던가. 그런데 어떤 사람은 힘든 역할을 맡고, 어떤 사람은 쉽고 편한 역할을 맡는다. 그것이 참 신기하고 어려운 문제이다. 사주팔자라고 말은 하지만 어떻든 인생은 자신이 맡은 역할이 쉬우나 어려우나 참고 살아가야 한다.

어려운 역할을 맡은 사람이라고 해서 행복이 없는 것은 아니다. 어려움 속에도 알콩달콩 행복한 부분도 있다. 어려운 일을 잘 해결하면 그 뒤에는 반드시 행복이 온다. 더 많이 웃을 수 있는, 더 좋은 나날들이 펼쳐질 수도 있다. 사는 것이 어렵다고, 인생살이가 괴롭다고 극단적 선택으로 생명을 버리는 것은 '인생 학교'를 퇴학하는 것과 같은 것이다. 학생이 학교를 퇴학하면 가야 할 길이 어디일까?

　노생지몽盧生之夢은 인간의 부귀영화가 순간의 꿈처럼 덧없다는 뜻이다. 당나라 현종 때 노생이라는 젊은이가 주막에서 여옹이라는 도사道士를 만나 자신의 신세 한탄을 늘어놓더니 여옹의 베개를 베고 깜빡 잠이 들어 꿈을 꾸었다. 노생은 진사시험에 합격하여 승승장구, 재상의 자리까지 갔으나 모반사건에 연루되어 곤욕을 치른다. 고향에서 농사나 지을걸 하면서 후회를 크게하며 자살하려 했으나 아내의 만루로 죽지 못하고 몇 년 뒤 무죄가 판명된다. 다섯 아들과 십여 명의 손자를 두고 오랫동안 행복하게 잘 살다가 노환으로 죽었다. 딱 죽는 순간 꿈을 깬 것이다. 그런데 꿈을 꾸는 시간은 아주 짧은 시간으로 주모酒母가 짓는 밥이 채 끓기도 전이었다. 노생이 너무 억울해 꿈 이야기를 하며 불만을 말하자 듣고 있던 도사 여옹이 "인생지사 또한 그와 같다네"라고 말했다 한다.

　꿈처럼 지나가는 인생, 끝나는 날 되돌아보며 정말 잘 살았다고 자신 있게 말할 수 있는 사람이 몇이나 될까. 젊은 날 돈을 쫓아 발이 부르트도록 허둥대고, 명예를 위해 악을 써본들 그것이 한평생 살기 위한 의미이고 목표였을까. 병들어 죽는 순간 후회 없는 일이라고 말할 수 있을까. 인생사 '노생지몽'이라 생각하면 한순간 꿈인 것을 억울한 것도, 아쉬운 것도 없는 것 같다.

100세가 넘은 노철학자 김형석 교수는 살아보니 인생의 가장 절정기는 청년 시기가 아니라 인생의 단맛 쓴맛 다 보고 무엇이 참으로 소중하고 좋은지를 알 수 있는 60대 중반에서 70대 중반이라 했다. 그분은 100세가 넘었으니 인생의 구분이 여느 사람과 차이가 있을 수 있지만 70세 중반은 인생을 되돌아보고 정리할 인생의 중요한 시간인 것만은 사실이다.

100세 시대라고 말하지만 70의 나이가 되지도 못하고 이승을 떠난 사람도 많이 있다. 70을 넘어 80을 바라보는 나이에 살아 있다는 사실이 기적이요 행운이다. 그러나 인생의 절정기라는 이 시기가 그렇게 여유 있는 시기는 아닌 것 같다. 이제 남은 세월 사랑해야 할 사람을 더 사랑하자. 은혜를 입은 사람을 찾아 보답하고 작은 것이라도 베풀어야겠다. 혹시 쌓인 감정은 없는지 살펴 용서하고, 내게 원망이 있는 사람에게는 사과하고 용서를 구하자. 이제 이런 작은 일들도 살아 있어 가능하다. 오늘의 삶이 얼마나 소중한가. 열심히 살다 가자. (2022.4.20)

인민 식당이 어디냐?

　신문과 방송에서 간첩이 적발되었다는 보도를 했다. 실로 오랜만에 듣는 뉴스이다. 간첩이라는 말도 오랜만이요, 간첩을 적발하였다는 말도 오랜만이다. 6·25전에 태어난 나의 세대는 '간첩'이나 '방첩'이라는 말을 항상 귀에 달고 살았다. 길가의 벽에는 방첩 포스터와 간첩을 신고하면 천만 원의 포상금을 준다는 광고지가 붙어 있었고, 간첩을 검거했다는 뉴스는 심심찮게 들었다. 학교에서는 방첩에 대한 교육과 웅변대회가 자주 열리기도 했다.
　6·25전쟁이 휴전으로 끝났으나 북한에서는 수시로 도발을

했다. 간첩은 수없이 남파되어 검거되었고 남파 도중 발각되어 총격전이 벌어지기도 했다. 1968년 1월 21일에는 김일성의 명령을 받은 북한 124부대 소속 무장군인 31명이 '박정희대통령 목을 딴다'는 목적으로 청와대 앞까지 침투한 일도 있었다. 다행히 청와대 부근에서 경찰의 검문에 걸려 전투가 벌어져 31명 중 29명이 사살되고 '김신조'라는 공비 1명이 생포하였으나 1명을 놓치고 말았다. 그 당시 민간인 32명도 사망했다.

경찰과 정보기관은 항상 간첩에 대해 촉각을 곤두세웠고, 국민에게는 방첩 의식에 대한 교육도 철저했다. 공직자들은 방첩 정신이 얼마나 철저한지를 점검하기도 했다.

1985년 5월 어느 날에 일어난 일이다. 출근을 하여 10시까지 급하게 처리해야 할 일이 있어 정신없이 공문서를 만들고 있는데 등 뒤에서 누군가가 무엇을 묻는 듯한 말소리가 들렸다. 그리고는 웬 사람이 정신없이 글을 쓰고 있는 나에게 얼굴을 들이밀면서 "인민식당이 어디 있냐?"하고 물었다. 실제로 바쁜 틈에 '인민'이라는 말을 정확하게는 듣지 못했으나 알지 못하는 곳이라 '모른다'고 대답했다.

잠시 후, 총무과장실에서 호출이다. 가 보니 낯선 사람이 총무과장 옆에 앉아 있는데 "인민식당이 어디 있냐고 물었는데 왜 간첩 신고를 안 했냐"하는 것이다. 총무과장 옆에 앉아 있는 사람은 경찰관이었다. 그때는 '인민'이나 '동무'와 같은 북한 말씨가 들리면 즉시 경찰서에 간첩 신고를 해야 하는 시기였다. 정신없이 바빠서 신경 쓸 겨를이 없는 순간에 어처구니없는 일을 당하는 것 같았다. 그러나 기지를 발휘하여 "아까 '일미식당'이라고 했잖느냐?"고 되물었다. 일미식당으로 들었다고 변명하고, 그리고 앞으로 주의하겠다고 말하여 좋게 마무리가 되었다. 지금 생각하면 격세지감을 느낄 수밖에 없다.

간첩, 방첩, 멸공이라는 단어를 듣지 않게 된 것은 좌파 대통령의 취임 후부터인 것 같다. 우파도 아니고 좌파도 아닌 자칭 민주화운동권인 김영삼대통령이 취임한 1993년부터 간첩, 방첩이라는 말이 들리지 않다가, 1998년 2월 명실상부 좌파인 김대중대통령이 취임하고는 국가안전기획부 대공 수사요원 500여명, 대공 경찰 2,500명, 기무사 요원 600명, 대공 검사 40명을 해고시켜 간첩 잡는 업무를 폐쇄하듯 했고, 연이어 좌파인 노무현대통령이 취임한 2003년 이후부터는 간첩이나 방첩이라는 단어는 아예 없어지고 공산주의라는 말이 나오면 '색깔론'이라는 새로운 단어가 생겨 나왔다. 그리고 공산주의나 북한을 나쁘게 말하면 그 사람은 통일을 방해하고 분열을 조장하는 사람으로 낙인찍었다.

그때부터 방공을 국시의 제1로 한다는 이 땅에 북한을 추종하는 일들이 많이 발생했다. 서울의 한복판에 수십만의 군중이 모여 붉은 깃발과 횃불을 들고 '미국놈 물러가라'는 구호와 정권을 타도하자고 외치는 일이 자주 일어났고 북한의 인공기旗가 게양되는 지역도 있었다. 국회나 정부의 정치판에도 김일성의 주체사상을 신봉하는 주사파 운동권 출신들이 장악하게 되고, 2017년 대통령에 취임한 문재인은 자칭「남쪽 대통령」으로 김정은의 대변인 노릇을 하며, 안기부의 간첩 잡는 기능을 경찰로 이관하여 '대공수사 완박'을 이루어 놓고, 북한의 김정은과 결론도 없는 평화회담으로 법석을 떨다 임기를 마감하게 되었다.

그 결과 1993년 이후 태어난 세대는 간첩이나 방첩이라는 단어를 들어 보지 않고 자라게 되었다. 간첩이나 방첩뿐 아니라 반공反共은 인식조차 하지 않게 되었다. 국내에서는 북한을 추종하는 구호와 행사가 많이 열리고, 대통령이 북한으로 가서 북한의 최고 수반과 만나고 있으니 이념에 대한 개념이 희박해질 수밖에 없다. 그뿐인가? 하물며 국방부장관으로 청문회장에 나온 사람이 "북한이 우리의 주적이냐?"라고 묻는 국회의원의 질문에 "주적이다"라고 대답을 못하는 세상이다. 그러니 북한을 적이라는 생각 없이, 간첩을 잡았다는 뉴스를 들어도 이게 무슨 소린가 하고 넘기는 현실이 되고 말았다.

이번에 적발된 간첩은 북한에서 파견된 사람이 아니다. 대한민국에서 태어나 교육을 받았고, 대한민국으로부터 경제적 수혜를 받고 살아온 대한민국 국민으로, 명색이 노동자를 위해 일을 한다는 민주노총의 간부 그리고 국회의원의 비서, 심지어 목사도 2명이 있다. 이런 자들이 국가를 배신하고 적국의 지령에 의해 국가에 해를 입히려 한다는 사실이 믿기지 않은 따름이다. 그뿐만 아니라 북한에서 대남 공작관으로 남한에 간첩을 파견하는 임무를 맡아 일하다 탈북해 내려온 '김국성'이라는 사람의 말에 의하면 국내에 암약하는 간첩이 15만 명이라고 하니 실로 놀랍고 무서운 일이다.

우리나라는 자유민주주의 국가이다. 해방 후 좌익과 우익이 치열하게 다투던 혼란의 시기에 공산주의를 물리치고 이 땅에 자유민주주의를 심었다는 사실을 생각해 보면 정말 다행한 일이 아닐 수 없다. 간첩이나 방첩을 말한다고 하여 '이념논쟁'이라고 말해서는 안 된다. 자유민주주의는 우리가 지켜야 할 절대적 이념이며 우리의 자손만대에 물러 주어야 할 가치이다.

  6·25 전쟁이 종식된지 70여 년이 지났으나 아직도 휴전 중이라는 사실을 인식해야 한다. 휴전 중인 나라가 짧은 시간에 이렇게 발전할 수 있는 것은 우연한 일이 아니다. 힘들여 이룩한 자유민주주의 대한민국을 영원히 지켜나가야 한다. 혼돈의 시기에 태어나 '방첩'에 대한 개념도 없는 30대와 40세대가 대한민국이 자유민주주의 국가라는 정체성을 확고히 가지도록 해야 할 것이다. 그들은 이 나라를 짊어지고 나아갈 주인공들이다. (2023. 1. 30)

자신을 멋있게 연출하라

 아침에 눈을 뜨니 몸이 몹시 무겁다. 일기 탓인가. 구름이 끼고 비가 올 듯하면 몸이 무거워진다. 그래도 자리에 누워 있으면 안 된다. 이불을 박차고 일어나 소금물로 양치를 한 후, 따뜻한 물 한 잔으로 유산균을 챙겨 먹고 집 밖을 나선다.
 아침 다섯 시, 7월의 숲은 초록색이 너무 짙어 검게 보인다. 숲속에서는 새들도 잠에서 깨어 아침을 열며 연출자의 지휘에 맞춘 듯 즐겁게 노래한다. 새들이 참 신기한 것은 아침 다섯 시가 되면 합창을 한다. 새들의 합창에 잠이 깬 매미들도 새들의 합창을 시기하듯 큰 소리로 울기 시작한다. 아침에 눈을 뜬 매미와 새들이 울기 시작하는 것은 하루를 여는 서곡이다.

하루는 생명이 있기 때문에 시작되는 것이다. 생명이 있기에 오늘이 시작되고 울기도 하고 웃기도 하는 것이다. 그러나 그 생명이 끝나는 날에는 어떤 느낌이나 어떤 행동도 할 수 없고 태양이 밝게 빛나는 이 지구별에서 사라지게 되는 것이다, 이 세상, 살아 있다는 사실 만큼 중요한 것은 없다.

한낮 동안 넓은 세상을 마음껏 날다가 해가 지는 저녁에는 숲속의 안식처를 찾아 휴식을 취하고, 밝은 해가 뜨는 아침이면 노래로 하루의 일정을 시작하는 새들처럼, 오늘 하루를 설계하고 계획하여 아무리 몸이 무겁고 힘들어도 정해진 일정을 소화해야 한다. 나이 많을수록 계획된 일정에 따라 규칙적인 생활을 하는 것이 무척 중요하다. 계획이 없으면 생활도 나태하고 나태한 생활은 건강도 해친다.

이 아름다운 지구별에서 내 생의 잔고는 얼마쯤일까? 보이지 않는 생명의 통장을 들여다본다. 우리나라의 남자의 평균 수명이 81세라니 평균쯤만 살아도 아직 적지 않은 날들이 남았다. 문제는 건강이다. 얼마나 오래 사느냐가 중요한 것이 아니라 얼마나 건강하게 사느냐가 중요한 것이다. 내 몸의 상태를 보면 오장 육부는 별 탈이 없어 소프트웨어는 그래도 괜찮은 편이다. 그런데 하드웨어가 좋지 않아 불편을 준다. 오른쪽 무릎은 인공관절 수술을 했고 허리는 척추 협착이다.

아침에 기상 시에 몸이 무겁게 느껴지는 것도 허리와 다리 때문이라고 생각이 든다. 하지만 내 나름 몸을 위해 운동은 한다. 다섯 시 반 되면 헬스장에 들어가 실내 사이클, 런닝머신, 벤치프레스 등 유산소 운동과 웨이트트레닝으로 한 시간 동안 운동을 한 후 목욕탕으로 내려와 뜨거운 물에 몸을 담그고 샤워를 마치면 집으로 와 8시에 아침 식사를 한다.

다소 피곤한 감이 들기는 하지만 가능한 유색의 의상을 입고 항상 구두는 반짝이는 것으로 신는다. 사무실에 도착하면 직원들에게 큰 소리로 "안녕!"하고 인사한다. 화려한 양복, 반짝이는 구두, 큰 소리의 인사는 아침에 무겁던 몸과 피곤을 씻고 기운을 내기 위한 내 자신에게 거는 체면이다.

힘이 들어도 스스로 자신을 연출해 나가야 한다. 나이 많아 건강도 나빠지고 힘도 없어지면 모습이나 행동이 추해지고 부자연스럽다. 그래서 스스로 자신의 행동을 의식적으로 가꾸어야 한다.

부산의 모 기업 회장님은 춘추 87세인데 부인에게 "우리 18세 순이로 돌아가자" 제안하고, 집 안에 있는 오래된 구식 가구를 전부 현대식 가구로 바꾸고 의상도 젊게 보이는 캐주얼로 차려입었다 한다. 그랬더니 어느 날 부부가 식당에서 식사 중에 왠 젊은이가 옆으로 와서 "어르신 연세가 어떻게 되셨습니까"하여 대답을 한 후 "왜 그러냐?"고 하니 "두 분이 참 멋이 있습니다"라고 말하더라는 것이다. 나이 먹어도 스스로 멋있게 연출하여 아름다운 단풍으로 물들 수 있어야 한다.

노인이 자신의 건강이나 일상생활에 대해 신경을 써야 할 일들이 많이 있지만 그 중 나름 중요하게 1. Clean-Up (청결하라) 2. Dress-up (잘 차려입어라) 3. Cheer-up (기운 내라) 4. Shut-up (입 다물라) 5. Pay-up (지급하라) 6. Health-up (건강하라) 이 여섯 가지가 나를 연출하는 핵심이다.

삶은 누군가가 쓴 각본에 의해 움직이는 연출자도 알 수 없는 연극이다. 70여 년의 세월을 살아오면서 가족이라는 울타리를 지켜야 하고, 직장에서 자신의 업무도 처리해야 하지만 상사나 동료들과의 관계도 신경을 써야 했다. 수없이 많은 관계 속에 내가 왜 그런 일에 웃고 울었던가. 내가 맡은 역할은 그것밖에 없었던가. 그 역할이라도 충실하게 잘 소화해 내었나. 갑자기 무대에 올라 제대로 만족스러운 연기를 하지 못하고 내려온 배우처럼 자꾸 뒤를 돌아보게 된다.

이제 남의 연출에 따라 행동해야 할 시간은 끝났다. 지금부터 남은 인생은 내 자신이 나를 연출하며 살다가 가야 한다. 나머지 인생, 가장 신경 써야 할 것은 아무래도 여섯 번째 Health-up일 것이다. 노후라도 건강해야 하고, 노령일수록 스스로 자신을 더 멋있게 연출해야 한다. (2022.07.28.)

친구는 오래된 친구가 좋다

양복과 구두는 새것이 좋지만, 친구는 오래된 친구가 더 좋다는 말이 있다. 새 양복을 입으면 기분이 산뜻해진다. 새 구두도 마찬가지이다. 새 양복과 새 구두를 구입하면 자연스럽게 헌 양복이나 헌 구두는 신지 않고, 새로 산 양복을 입고, 구두를 신게 된다. 하지만 새로 사귀는 친구는 서로의 기분을 잘 맞추어 가는 좋은 친구일 수 있지만, 그보다는 서로를 잘 알아 마음이 편한 오래된 친구가 좋다.

S. 존슨은 우정에 대하여 다음과 같은 말을 남겼다.

"사람이 살면서 새로운 친구를 만들지 않으면 이내 고립된 자신을 발견하게 된다. 우정은 끊임없이 손질하면서 지켜야 한다. 우정을 나태와 침묵으로 죽여 없애는 것은 현명하지 못한 처사이다. 이는 인생에서 가장 큰 위안 중 하나를 던져 버리는 것과 같다. 나는 새로운 친구를 만들지 않은 날들을 모두 잃어버린 날로 간주한다."

살아가면서 학연, 지연 또는 사업상 거래를 통하여 많은 사람을 만난다. 젊은 시절, 활동이 왕성할 때는 친구도 많고 모임도 자주 있다. 직장과 관련된 모임, 종교와 관련된 모임, 취미활동과 관련된 모임, 라이온스클럽 등 한 달의 절반은 모임이다. 어울려 다닐 때는 활발하고 술도 많이 마신다. 이렇게 수없이 만나는 사람들 가운데 절친한 친구가 되기도 하고, 여러 사람과 친구를 맺는 것이 즐거움이며, 인간관계의 폭이 넓게 형성되어 사회활동을 함에 도움이 되기도 한다.

아름다운 우정이 있는 인생은 상상 이상으로 아름답다. 그래서 어떤 사람은 "우정은 곧 삶이며, 우정의 결여는 죽음이다"라고까지 말했다. 우정은 비 오는 날 우산일 수 있고, 눈 오는 날의 화로일 수도 있기 때문이다.

생텍쥐페리의 ≪인간의 대지≫에 다음과 같은 구절이 있다.

"오랜 친구는 만들어지는 것이 아니다. 공통된 그 많은 추억, 함께 당한 그 많은 괴로운 시간, 그토록 많은 불화, 그리고 화해, 마음의 격동이라는 보물만큼 값어치가 있는 것은 아무것도 없다, 이런 우정을 다시 만들 수 없는 것이다."

그런가 보다. 이제 나이를 먹고 팔순을 바라보는 시점에서 어릴 적 친구들이 더욱 정이 깊다. 젊고 건강할 때 함께 밥 먹고 술 마시던 많은 친구는 이제 연락이 두절 된 상태다. 하지만 변함없이 정기적으로 만나는 친구들은 어릴 적부터 사귄 친구들이다. 그 친구들은 추억이 담겨있고 마음이 담겨있다. 학창시절, 때 묻지 않은 마음과 마음이 맺은 우정은 아름다운 한 폭의 그림과 같다. 시간만 나면 기다리는 동무, 때론 다투기도 하지만 시간이 지나면 또 정답게 지내는 허물없는 동무, 세월이 흐를수록 추억이 깊어져 더없이 친한 친구로 남는 것 같다.

오랜 친구라고 해서 무관심 속에서 우정이 계속되는 것은 아니다. 마음속에 우정이라는 뿌리가 깊이 자리하기 위해서는 서로의 관심이 필요하다. 멀리 떨어져 있어도 안부를 묻는 전화 한 통이 오랜 우정을 만드는 묘약이 될 수 있다. "부실한 친구는 정면으로 쳐들어오는 적보다 나쁘다"라는 영국 격언은 귀에 담아둘 만하다. 친구의 잘못을 충고할 줄 모르고, 친구의 불행을 아파할 줄 모르며, 친구의 행복을 사랑할 줄 모르는 사람은 그야말로 부실한 친구이다. 그런 사람은 친구로서 아무런 구실도 하지 못한다.

 살아오면서 친구가 있어 삶이 아름다웠다. 긴 세월 동안 많은 사연이 서로의 가슴에 새겨져 마음속 깊은 곳까지 다 알 수 있는 친구, 부르면 내 마음을 알고 한달음에 달려 와 줄 친구, 생각만 해도 가슴이 따뜻해지는 친구, 헐렁한 잠옷처럼 편안한 친구, 그래서 친구는 오래된 친구가 좋다.

전생前生은 있는 것인가

 살아오면서 전생이라는 말을 많이 들었다. 아주 어릴 적에 어머님께서 자식들 때문에 속상할 때면 "내가 전생에 죄가 많은가 보다"라고 말씀하셨다. 지금 속이 상하는 괴로움은 전생에 지은 죄의 값을 받는다는 말인데, 그 말을 듣고 세상에 태어나기 전에 살아 있다가 죽어서 다시 태어나는 것이구나 하고 생각을 했다. 전생이 있다는 것은 환생을 의미한다. 그렇다면 전생은 정말 존재하는 것인가.

 환생은 기원전부터 인도에서 믿어 온 개념이다. '바라문', '크샤트리아', '바이샤', '슈드라'라는 사성제 신분제도가 뚜렷이 구분된 인도 사회에서 불가촉천민인 '슈드라'는 짐승보다 못한 대우를 받았다. 경전을 읽는 소리만 들어도 귀에 뜨거운 물을 부었고, 병이 들어 일을 할 수 없으면 '시타림'이라는 곳에다 내다 버렸다. 다 같은 사람으로 태어나 이렇게 나쁜 취급을 받는 것은 전생에 지은 업보業報 외는 다른 이유가 없다고 믿었다. 그래서 아무리 힘든 일을 당하고 나쁜 취급을 받아도 이런 일들은 모두 전생의 업을 씻는 과정이라고, 그래서 힘들어도 참고 견디며 전생의 업을 모두 씻으면 다음 생애는 좋은 사람으로 태어날 것이라고 믿었다. 이 사상은 다른 종교에 전래되어 윤회설輪廻說로 발전하였다.

윤회사상은 불교를 비롯해 힌두교, 자이나교, 시크교 등 종교에서 중요한 가르침 중의 하나이다. 불교에서는 사람이 죽으면 생전에 지은 죄의 무게業에 따라 육도윤회六道輪廻, 즉 천국, 사람, 아수라, 축생, 아귀, 지옥, 이 여섯 가지 중 하나로 다시 태어난다고 믿는다. 죽은 뒤에 다시 태어나는 제일 좋은 곳은 천국이고, 두 번째가 사람이다. 아주 악하고 나쁜 죄를 저지른 사람은 삼악도三惡道인 축생과 아귀로 태어나고, 지옥으로 떨어지기도 한다는 것이다.

윤회의 법칙에 의해 현생에서 보면 전생의 반대쪽이 내생來

生이다. 죽은 뒤에 다시 태어나는 삶(世上)이다. 현생의 죄, 즉 업보에 따라 육도윤회를 하게 되며 죽은 후 다행히 사람으로 태어나면 그때가 현생이 되고 지금의 현생은 전생이 되는 것이다.

윤회의 법칙에 따라 사람으로 다시 태어난 이 지구 즉, 내생에서 인생이라는 연극의 어떤 역할의 배우가 되는가는 현생에서 지은 업(죄)에 따라 결정된다. 선인선과善因善果요 악인악과惡因惡果이다. 현생에서 착하고 좋은 일을 한 사람은 편하고 행복한 역할의 배우로, 악하고 나쁜 일을 저지른 사람은 힘들고 불행한 역할의 배역을 맡아 인생을 살아간다는 것이다.

전생이라는 말과 내생이라는 말은 많이 듣지만 실제로 그렇게 되는 건지 믿기는 어렵다. 그러나 우리 주변에서 전생을 기억하는 사람을 실제로 볼 수 있다. 부산 양정동에 사는 정연득이라는 사람은 1982년 여섯 살 때 갑자기 한문을 알고 심지어 한문으로 성명 풀이까지 하는 기적을 보였다. 현재는 40세가 넘었으며 MTV에서 방송도 하였다. 학교나 별도로 배운 적이 없는데도 한문과 일본 글씨를 익숙하게 잘 쓰고 일본말도 유창하다. 전생에 일본 후쿠오카에서 살았던 기억이 난다고 직접 말하기도 했다.

글자는 사람의 약속이다. 또 말도 배워야 할 수 있다. 여섯 살 어린아이가 전혀 배운 적도 없이 글자를 쓰고 말을 한다는 것, 그것도 한글이 아닌 한자와 일본말을 한다는 것은 사람으로 환생하면서 전생의 기억을 그대로 가지고 있다는 것 외에는 다른 설명이 불가능하다.

외국에서도 전생을 기억하는 사례는 많이 보고되고 있다. 50여 년 전 터키 남부 '아나다'라는 마을에 '이스마일'이라는 아이가 말을 시작하는 세 살쯤 되었을 때 아빠에게 자기가 전생에 살았던 곳을 이야기하며 거기로 가야겠다고 말했다. 아이 자신은 '이스마일'이 아니고 내 이름은 '아비스 스루무스'라고 주장하며 조르는 바람에 할 수 없이 아이가 말하는 곳으로 데리고 갔더니, 그곳에 있는 여자와 아이를 보고 "내가 남편이다. 사귀! 구루사리! 내가 네 아버지다"라고 말했다. 그리고 마구간으로 가서 "내가 이곳에서 아무개한테 삽으로 머리를 맞아 죽었다"고 말하며, 자신이 아끼는 말이 없자 섭섭해하기도 했다 한다. 이러한 이야기를 들으면 전생이 없다고 말하기가 어렵다.

불교의「법화경」에는 이런 구절이 있다.

욕지전생사欲知前生事　전생의 일을 알고자 하는가?
금생수자시今生受者是　금생에 받는 것이 그것이다.
욕지래생사欲知來生事　내생의 일을 알고자 하는가?
금생작자시今生作者是　금생에 하는 일이 그것이다.

경전의 내용도 현재의 삶은 전생에 지은 업보業報에 의한 것이고, 미래에 닥쳐올 내생은 현생에서 몸身, 입口, 뜻意으로 지은 업業에 따라 결정된다는 것이다. 전생과 내생을 믿지 않거나, 이 말이 이 세상에 사는 동안 좋은 행동, 좋은 말, 착한 마음으로 살라고 하는 방편이라고 생각할지라도 이쯤에서 자신을 한번 되돌아보고, 경전의 구절일랑 가슴에 새겨 두어도 될 것 같다. (2022.05.20.)

인연, 신의 섭리

　가을은 오곡백과가 무르익어 수확하는 계절입니다. 가을에 거두는 곡식과 열매는 사람에게는 한 해 동안 노력한 농사의 결실을 거두어들이는 것이지만, 한철을 자란 식물은 또 다른 자신을 퍼뜨릴 자신의 씨앗(종자)을 생산한 것입니다. 이렇듯 세상 만물은 끊임없이 다른 생명을 창조하고 소멸을 반복합니다. 인간도 마찬가지입니다. 부모로부터 태어나 성장하면 배우자를 만나 결혼을 하고 자식을 낳아 양육합니다, 자식을 낳는 것은 또 다른 사람의 씨앗을 생산한 것입니다. 진리 속에 태어난 생명입니다.

대중가요 가사 속에 "어머니, 왜 나를 낳으셨나요"라는 구절이 있습니다. 이것은 세상살이가 힘들어 어머니를 원망하는 말인 듯합니다마는 잘못된 생각이요, 해서는 안 될 말입니다. 어머니는 자신의 뜻대로 나를 낳으신 것이이 아닙니다. 마음대로 선택하여 낳을 수가 없는 것이 자식입니다.

사람도 다른 동물과 같이 정자와 난자가 결합하여 태어난다고 생각합니다. 생물학적인 관점으로만 생각하면 그렇게 생각할 수 있습니다. 그러나 사람이 이 지구에 새로운 생명으로 탄생하는 것은 단순히 생물학적 과정 보다는 그 속에는 참으로 귀하고 오묘한 진리가 깃들어 있습니다. 이 진리를 기독교에서는 '신의 섭리', 불교에서는 '인연'이라고 설명합니다.

기독교에서 말하는 것처럼 사람이 하나님의 택함을 받아 이 세상에 태어나기 위해서는 세상의 남녀가 부부라는 이름으로 짝지어져야 합니다. 남녀가 만나 부부가 되는 것이 외형적으로는 서로 사랑하여 결혼하는 것 같지만, 실제로는 두 사람을 통해 태어날 생명을 위해 짝지어지는 것입니다. 만약 부부가 지금의 아내, 지금의 남편이 아니고 다른 사람이라면 태어난 자식도 다른 사람이 태어났을 겁니다. 아버지가 다른 여자와 결혼했다면 내가 이 세상에 태어났을까요?

불교에서는 탄생을 인연의 법칙으로 설명합니다. 인도의 도인道人 「파드마삼바바」가 쓴 『티벳 사자의 서』라는 책의 내용에 의하면 사람이 부모로부터 태어남은 그가 전생에 쌓은 업(카르마)의 무게에 따라 부모가 선택된다고 합니다. 다시 말해, 인간으로 태어날 사람이라면 죽은 후 49일이 지난 뒤에 가장 절실한 인연을 부모로 하여 엄마가 될 여자의 자궁속으로 들어가 어머니의 뱃속에 잉태孕胎되어 탯줄을 타고 나온다는 것입니다. 아버지와 어머니가 부부가 된 인연으로 이 생명이 세상에 태어났다고 생각하면 부모님의 크신 은혜를 헤아리기가 어렵습니다.

이렇게 한 생명이 세상 밖으로 온 것을 기독교에서는 '신의 섭리'라 하고, 불교에서는 '인연'이라고 설명할 때 새 생명의 탄생을 기준으로 보면 결과적으로 기독교의 '신(하나님)'과 불교의 '인연'은 같은 의미라고 생각됩니다.

옥수수나무가 들판에서 싱싱하게 자라 열매를 맺고, 가을이 되어 수확을 하고 나면 황량한 벌판에서 말라서 소멸합니다. 1년생인 옥수수나무의 역할이 끝났기 때문입니다. 자신의 씨앗을 남기고 가축의 사료나 식물의 자양분으로 돌아가는 옥수수나무는 영원히 소멸한 것이 아닙니다. 그 씨앗은 새로운 생명으로 태어나 또 다른 옥수수 열매를 생산하고, 사료나 거름을 습취한 동물이나 식물의 생명 가운데 옥수수의 생명은 전해 내려올 것입니다.

자식을 낳아 잘 키워 그들이 자신의 짝을 만나 가정을 꾸리면 부모의 역할을 다했다고 할 수 있습니다. 자식들이 모두 떠나면 부모는 그때부터 부부가 등을 맞대고 살아갑니다. 자식들이 태어나고, 재롱부리며 커가던 모습, 학교에 보내고 시집, 장가보내며 기뻐하고 즐거워하던 일들은 낡은 기억 속에서 억지로 꺼내야 하는 추억입니다. 제 살기 바빠서 연락 한번 없는 자식들, 눈에 아롱거리는 손자들의 모습이 보고 싶어도, 그저 흘러가는 흰 구름만 바라볼 뿐입니다.

어제보다 오늘의 모습이 다르고, 오늘보다 내일이면 더 허약해 가는 몸뚱어리를 추스르며 무정한 세월을 가슴속에 묻어둡니다. 구부러진 허리에 삭정이처럼 마르고 가는 팔다리, 앙상한 손마디는 어쩌면 황량한 벌판에 물기 하나 없이 깡마른 모습으로 서 있는 옥수수나무와 같은 처지일지도 모릅니다.

사람은 특별하게 가지고 있는 것이 정情입니다. 한때는 봄꽃처럼 화사했던 젊은 시절 인연으로 만나, 기나긴 세월 동안 기쁨과 슬픔을 함께하며, 내 몸으로 씨앗 뿌리고 사랑으로 키워온 그 '정' 하나로, 이제 세월이 흘러 늙고 병들어 허약한 육신은 오직 당신만이 제일 미더운 버팀목이라 기대며 살아갑니다.

이 세상에 존재하는 것은 인연이라는 불교의 교리나, 기독교의 신의 섭리로 부모님을 만나 이 아름다운 지구별에 태어난 것에 감사하며, 한평생 사는 동안 바른 마음, 바른 행동으로 착하게 살아 좋은 업業을 닦고 쌓으면 귀한 인연을 만나든, 신께서 베푸시는 택함의 은총으로 다음 생애도 밝은 태양을 다시 볼 수 있을까 염원해 봅니다.

* 『티벳사자의 서』

　1,200년전 인도로부터 티베트에 온 「파드마삼바바」라는 도인이, 삶과 죽음을 넘나드는 비밀의 책 100권을 만들어 세상에 공개하지 않고 희말라야 깊은 산 동굴 속에 숨긴 채 세상을 떠납니다. 그러나 언젠가 눈 밝은 자들이 세상에 옵니다. 후세에 탄생한 그들은 65권의 책을 찾아냅니다. 찾아낸 책의 원제목은 『바르도퇴돌』, 의미는 '듣는 것만으로 영원한 자유에 이르는 가르침'이었습니다. 1919년 번역되어 1927년 옥스퍼드대학에서 인쇄, 『티벳사자의 서』라는 이름으로 서구 세계에 소개되어 엄청난 반향을 일으켰습니다.

가을에 인생을 생각하다

　푸르던 나뭇잎이 빨강과 노랑으로 물들어 단풍이 되었다. 갈 것 같지 않게 따갑던 여름은 처서를 고비로 서서히 물러간다. 절기가 바뀌면 계절은 어김없이 변한다. 여름의 끝에 찾아오는 '처서'도 계절의 변화를 확실히 느끼게 하는 절기이다. "처서는 귀뚜라미의 등을 타고 온다."는 말이 있듯이 처서가 되면 첫째 가을의 전령사인 귀뚜라미가 처량하게 울기 시작한다.
　저녁때 귀뚜라미의 떼창을 가만히 듣노라면 무슨 악기로 연주한들 이보다 더 아름다울까. 귀뚜라미의 합창은 애잔한 소리만이 아니라 그 소리가 낙엽이 지는 서글픈 가을의 정취를 안고 한데 어우러져 외롭고 쓸쓸한 사람의 애간장을 끊어 놓는다. 아침저녁 부는 바람도 한결 시원해져 무더운 여름은 서서히 물러가고 가을이다.

나이 70대 후반이면 계절에 비해 인생의 가을이다. 떨어지는 낙엽을 보고 푸르렀던 여름날이 생각나듯, 황혼의 인생길에 지난날들은 기억에 뚜렷하다. 아쉬움이 없으랴마는 그런대로 열정적으로 살았다. 내 일에 충실하고 인간관계도 누구보다 잘했다고 자부한다. 그러면서도 운동 좋아하고 여행도 즐길 만큼 즐긴 것 같다.

미국 남서부에 거주하는 나바로족의 격언에 "네가 세상에 울면서 태어날 때 세상은 기뻐했으나, 네가 죽을 때는 세상은 울어도 너는 기뻐할 수 있도록 그러한 삶을 살아라."라는 말이 있다고 한다. 세상 떠날 때 내 삶이 이거다 하고 떳떳하게 내세울 것이 하나라도 있는가. 없어도 좋다. 나의 삶은 그것이 최선이었다라고 자신 있게 말할 수 있을 것이다.

돌이켜 보면, 20여 년 동안 『만불선행회』 회장으로 50여 명의 회원을 이끌어 봉사했던 일은 지금도 가슴 뿌듯한 기억이다. 신문이나 방송에 나는 것처럼 큰 금액의 봉사는 아니어도 회원들과 함께 어려운 곳을 찾아 1년에 5, 6회 봉사를 하던 그때를 생각하면 가슴속이 따뜻해진다. 이는 자랑이 아니라 감사해야 할 일이다. 열심히 협력하고 활동한 회원들에게 감사할 일이요, 모임을 이끌어 봉사를 할 수 있게 옆에서 도와주신 분들에게 감사해야 할 일이다.

지금 와서 생각해도 세무사 자격시험에 합격한 것은 아무래도 잘한 일이다. 평생 직업을 가진다는 것은 100세 시대에 큰 행운이다. 공직에서 물러나 하는 일이 없으면 하루하루를 어떻게 보낼 것인가. 그러나 세무사는 사무실을 차려 건강이 허락하는 시간까지 아침이면 멋진 양복을 입고 정해진 시간에 맞춰 출근할 수 있으니 외관상으로나 건강상 더 이상 좋을 수가 없는 일이다. 그러나 인생에 가을이 온다는 것만은 어쩔 수 없다.

윤동주 시인이 '내 인생에 가을이 오면'이라는 제목의 시에서 '내 인생에 가을이 오면 나는 나에게 물을 것이다.'라고 하고 '첫째 사람을 사랑했느냐? 둘째 열심히 살았느냐? 셋째 사람들에게 상처를 준 일이 없느냐? 넷째 삶이 아름다웠느냐? 다섯 번째 어떤 열매를 얼마만큼 맺었느냐?'라고 했다. 가만히 되짚어 볼 말이다. 그러나 인생은 그런 질문에 답할 수 있을 만큼 단순한 과정이 아니다. 훨씬 복잡하고 처절한 투쟁이 아닌가? 잘 못 되어도 고칠 수 없고 후회해도 소용이 없다. 아니 후회할 필요도 없다. 이제 남은 인생을 잘 정리해야 할 시점이다.

내 인생 가을에 정리해야 할 것은 무엇인가. 이미 지난 과거는 생각지 말자. 아름다움은 행복이었고 힘든 일은 추억일 뿐이다. 과거에 매여 기뻐할 일도 슬퍼할 일도 아니다. 무성한 잎을 달고 서 있던 나무들이 단풍으로 물든 잎들을 땅 위에 미련 없이 뿌리듯 내 마음속에 있는 모든 생각들을 완전히 내려놓도록 노력하자. 특히나 욕심을 아예 버리고, 가능하다면 희·노·애·락도 떨쳐버리자. 방하착放下著! 책으로는 많이 읽은 화두지만 깨달아 행하기는 어려운 일이다.

아내와 아들, 딸들에게 더욱더 사랑을 심어주자. 내 인생길에 인연이 되어 만나서 감사하다고, 사랑한다고 말해 주자. 많이 쌓여있는 사진을 정리해야겠다. 추억을 간직하고파 찍은 사진들, 추억은 가슴에 묻어 두고 사진은 없애야겠다. 책장에 꽂혀있는 책들도 정리해야겠다. 이제 다시 읽어 볼 시간이 있을까, 그동안 받은 상장과 상패도 정리해야 할 것이다. 세상을 떠난 뒤에 사진과 상장 이 아파트 쓰레기장에 나뒹구는 사람의 얘기도 들었다.

어제 내린 비에 노랗게 물든 은행잎이 모두 떨어져 보도 위에 쌓여있다. 낙엽이 지듯, 인생의 마침표를 찍는 날도 그리 멀지는 않았다. 그때까지 곱게 물든 단풍잎처럼 아름답게 살아야 한다. 그러기 위해 건강해야 할 것이다. 건강해야 멋도 있다. 항상 깨끗하고 품위 있는 모습으로 살아야 할 것이다. 의상도 깨끗하게 머리도 단정해야 한다. 늙은이가 허름한 모습으로 지내면 추하게 보일 수밖에 없다. 그리고 남에게 베푸는 마음으로 살아야 한다. 작은 것이라도 베풀어야 한다. 늙은이가 인색한 것 만큼 보기 싫은 것은 없다.

유턴 없는 인생길에서, 부모님과의 인연으로 이 세상에 태어나 사랑하는 아내와 아들, 딸들을 만난 것에 깊이 감사하며 아름답게 인생을 마무리해야 할 것이다. (2023. 12. 15.)